FRAUEN REISEN WEITER

Sicher & selbstbewusst durch die Welt

CARINA HERRMANN

Coverdesign: Carina Stöwe

Lektorat: Eva Strehler

ISBN-13: 978-1508618843

INHALT

Warum braucht es ein zweites Buch?

„Wenn Du nicht mutig bist -
Reisen macht Dich mutig!"

Fast genau ein Jahr, bevor dieses Buch erschienen ist, habe ich all meine Ratschläge in das Buch „Frauen Reisen Solo“ gesteckt. Es sollte die ultimative Anleitung, der perfekte Ratgeber und ein kräftiger Motivationsschub für alle Frauen werden, die endlich auch die Welt erobern wollen.
Frauen wie Du, deren Ängste, Sorgen und Fragezeichen sie immer noch zu sehr blockieren oder deren Gedanken sie vor der Abreise nachts wachhalten.

Danach stellte ich allerdings mehr und mehr fest, dass Anleitung und Ratschläge uns nur bis zu einem gewissen Punkt weiterbringen. Letztendlich bleiben die Angst um die eigene Sicherheit und die große Sorge: Was ist, wenn ich auf Reisen einsam bin? Was, wenn mir etwas passiert?
Deshalb beschloss ich, auf genau diese großen Punkte und einige Themen, die ich im ersten Buch nicht unterbringen konnte, noch einmal speziell einzugehen.

In „Frauen Reisen Weiter“ findest Du nun also Antworten auf sämtliche Fragen der Sicherheit, die mir immer wieder gestellt werden, die Dir auf der Seele brennen, wenn Du darüber nachdenkst, alleine loszureisen. Zusätzlich viele, viele Tipps, wie Du langsam lernst, alleine zu sein und wie Du das nicht mit Einsamkeit verwechselst.

Sieh es also als einen Ergänzungsband zum ersten Buch an, in dem ich vermehrt auch persönliche Erfahrungen eingebunden habe, um Dir zu zeigen, wie auch Du in unerwarteten und ungewohnten Situationen reagieren kannst.
Aber lass Dir eines gleich gesagt sein: Ängste wirst Du nie ganz bezwingen können und Dich niemals auf sämtliche Situationen vorbereiten können.

Irgendwann reicht es nicht mehr, nur die große Zehe ins Wasser zu stecken, um die Temperatur zu testen.
Irgendwann musst Du einfach springen.

Die Sorge um Deine Sicherheit

„Das Leben beginnt am Ende
Deiner Komfortzone.“
- Neale Donald Walsch -

DIE ABSOLUTEN BASICS DEINER PERSÖNLICHEN SICHERHEIT

Dreimal in insgesamt mittlerweile 25 Monaten des Reisens. So oft war ich unterwegs alleine in nicht unbedingt gefährlichen, aber kniffligen Situationen, die leicht auch gefährlich hätten sein können.
Hier hast Du nun also meine Antwort auf die Frage nach der eigenen Sicherheit, die zwangsläufig irgendwann auftaucht, wenn ich jemanden überzeugen möchte, dass es als Alleinreisende in der Welt nicht gefährlicher ist als zu Hause. Dieses Mal wird nicht darum herum geredet, hier wird nun alles ausgepackt. Das Gute, das Schlechte, das Fürchterliche und die absolute Horrorvision - Die Realität.

Was die Realität ist?

Dass Du auf Reisen Risiken eingehst. Dass Du wahrscheinlich auch mal in unangenehme Situationen geraten wirst (laut meiner persönlichen Statistik allerdings nur alle sieben Monate) und dass die Möglichkeit besteht, dass Du ausgeraubt, betrogen, verletzt oder Schlimmeres wirst.

Bohoooh. Ich hab es gesagt.

Ja, auf Reisen können Dir schlimme Dinge passieren. Einige Reisende/ Menschen/ Deiner Bekannten können Dir davon mit Sicherheit ein (trauriges) Lied davon singen und werden es auch, wenn Du sie danach fragst.
Aber lass uns zwei Punkte nicht vergessen:

1. Schlimmes kann Dir überall passieren, das schließt Dein Zuhause, Deine Nachbarschaft und Deine Lieblingsdisco nicht aus. Ganz im Gegenteil.

2. Meiner Meinung nach bringt es absolut nichts, hier aufzuzählen, wo wem welche schlimmen Dinge passiert sind.

Deshalb konzentrieren wir uns lieber darauf, wie Du die häufigsten Situationen, die Dich in ernste Schwierigkeiten bringen können, vermeiden und abwenden kannst.
Los geht's.

Nehmen wir uns als allererstes mal die gängigen Regeln vor. Wenn Dir das zu lahm ist und es Dir schon zum Hals heraus-hängt, blättere weiter zum nächsten Punkt, aber ich werde daran nicht sparen.

Recherche!

Bevor Du ein Land bereist, solltest Du herausfinden, wie gut Du es als Frau bereisen kannst, wie sicher Du dort bist und auf welche Gefahrenquellen Du Dich einstellen solltest. Schau beim Auswärtigen Amt nach den Sicherheitsbestimmungen und den Reiseempfehlungen. Ist auf Reisen, wenn Du spontan ein weiteres Land anschließen willst, auch super einfach mit deren App „Sicher reisen".

Plan Deine Ankunft nicht im Dunkeln

Zu den Grundregeln gehört natürlich auch, im Hellen in einer neuen Umgebung anzukommen. In einem ganz fremdes Land solltest Du vor-mittags oder nachmittags ankommen und natürlich auch schon für mindestens eine Nacht ein Bett gebucht haben. Vergiss nicht, dass die Müdigkeit, ein Jetlag, das neue Klima oder der Kulturschock dich zusätzlich in Deiner Aufmerksamkeit schwächen können.

Verbring die erste Zeit an öffentlichen Orten

Bis Du Dich an die Gegend und das neue Land gewöhnt hast, geh einfach zunächst mal zu den typischen Sightseeing-Spots. Wenn Du Dich wohler und sicherer fühlst und auch mal an der Rezeption die Einheimischen ausquetschen konntest, wo Du alleine umherstreifen kannst und wo Du besser nicht hin solltest, dann geht's weiter.

Bleib in Kontakt

Lass zu Hause jemanden regelmäßig wissen, wo Du bist und wie Deine Pläne für die nächsten Tage aussehen. Wenn jemand alle zwei bis drei Tage ein Zeichen von Dir erwartet, ist das nicht verkehrt.

Ich hatte anfangs meinen Reiseblog, auf dem ich fast jeden Tag aufschrieb, was ich im Urlaub alleine erlebt habe. Zum einen wussten meine Freunde und meine Familie so nicht nur, was ich gerade sehe und entdecke, sondern auch, dass es mir gut geht. Drei Tage ohne Eintrag ließ dann schon mal die ein oder andere Nachfrage in mein Postfach flattern.

Steck nach der Ankunft die Visitenkarte Deiner Unterkunft ein

Das kann in so vielen Momenten nützlich sein. Vor allem aber, wenn Du Dich verläufst oder Du aus irgendeinem Grund Hilfe brauchst um zurückzukommen. Aber auch im schlimmsten Fall, wenn Dich jemand findet und Du nicht sagen kannst, wohin Du gehörst.
Wenn Du im Urlaub alleine bist, kann Dich schließlich kaum jemand identifizieren, wenn Du es nicht selbst kannst – außer den Menschen in Deiner Unterkunft!

Tritt bescheiden auf

Wenn Du es im Alltag nicht bist, sei es wenigstens, wenn Du im Urlaub alleine unterwegs bist: unauffällig. Trag nicht übermäßig viel Schmuck, schon gar keinen echten. Egal, wie lieb und teuer Dir die Perlenohrringe sein mögen: Lass sie zu Hause. Lass die Markenklamotten und die Designer-Tasche zu Hause. Pack minimalistisch und schlicht. Das bedeutet nicht, dass Deine Kleidung nicht auch Stil haben kann!

Wedel nicht mit großen Scheinen herum, sondern versuch immer, so viel wie möglich Kleingeld zu benutzen. Verstau größere Scheine zum Wechseln in kleinen Seitentaschen Deines Portemonnaies, nutz Deine Kreditkarte lieber häufiger anstatt viel Geld auf einmal abzuheben, und hol sie erst heraus, wenn Du sie brauchst. Vor allem in armen Ländern ist das ein absolutes Muss, schadet aber nirgendwo.

Trag Deinen Reisepass immer bei Dir, wenn Du alleine unterwegs bist

Auch heute noch habe ich meinen Reisepass immer dabei. Egal, wohin ich gehe. Nicht nur, weil es so vorgeschrieben ist, sondern weil ich mich so jederzeit glaubwürdig und ohne Zweifel ausweisen kann, wenn mir etwas passiert. Einen Scan und eine Kopie habe ich dazu in meinem großen Rucksack und auf einem USB-Stick dabei.

Alkohol ist tabu für Dich

Du bist irgendwo neu? Du gehst alleine weg? Du hast die Gruppe, mit der Du unterwegs bist, erst gestern kennengelernt? Dann gibt es für mich keine Alternativregel in diesen Fällen. „Man kann auch ohne Alkohol Spaß haben" ist kein Spruch für Langweiler. Wenn Du daran nicht glaubst, solltest Du Deine Lebenseinstellung noch einmal überdenken.

Nutze Schließfächer, wo es geht

Auch wenn Dir die zwei Euro dafür zu viel erscheinen, sie sind es wert, wenn Du damit besser schlafen oder in Ruhe die Gegend erkunden kannst, ohne Dir ständig Gedanken um Deine Sachen machen zu müssen.
In Hostels in denen ein Spind angeboten wird: Nutze ihn. Deshalb solltest Du auch immer mindestens ein kleines Zahlenschloss auf Reisen dabei haben. Nutze möglichst Dein eigenes Schloss, denn nur dann kannst Du sicher sein, dass niemand anderes den Code kennt oder einen zweiten Schlüssel dafür hat.

Hör auf Deinen Bauch!

Wir misstrauen ihm viel zu häufig, aber wenn Du Dich unwohl fühlst, etwas sich irgendwie nicht ganz richtig anfühlt, dann hör auf dieses Gefühl! Selbst wenn es sich als übertreiben herausstellt, better safe than sorry…

Spezial-Tipp: Melde Dich bei der Botschaft

Etwas, das die wenigsten in Anspruch nehmen, uns aber als Möglichkeit zusteht: Solltest Du längere Zeit in einem Land sein, vor allem einem, in dem eventuell auch politische Unruhen herrschen, dann schadet es gar nichts, Dich als Reisende in diesem Land bei der Dir nahegelegendsten Deutschen Botschaft zu registrieren.
Das macht aber wirklich hauptsächlich in Krisenländern Sinn und wenn Du dort mehr als drei Monate im Urlaub alleine an einem festen Ort bist.

SICHER DURCH'S NACHTLEBEN

Hand aufs Herz: Warst Du schon mal abends alleine aus? In der Bar? Im Pub? In der Disco??

Viele scheuen sich vor Clubs, Pubs und Bars - vor allem weil sie Angst haben, abends alleine unterwegs zu sein. Absolut berechtig, wie ich finde, aber mit ein paar Kniffen und Tricks kannst Du Dich selbst in solchen Situationen absichern.
Ein harter Brocken, der viel Überwindung kostet, denkst Du? Nicht mehr nach diesem Abschnitt und den ultimativen Tipps für Deine Sicherheit in Bars und Clubs!

Lass Deine Handtasche zu Hause!

Nirgendwo ist es so leicht, sich etwas von Dir zu schnappen, wie im Gedränge. Außerdem wirst Du Dir ständig Sorgen um Deine Wertsachen machen und deshalb noch unentspannter sein als vielleicht sowieso schon.
Steck Dir ein wenig Geld in die Hosentasche oder nutz ein BH-Täschchen für Geld und Schlüssel.

Neue Freunde warten in der Warteschlange!

In Clubs zu gehen, die eine lange Warteschlange davor haben, kann sehr einschüchternd wirken. Oder die beste Gelegenheit überhaupt sein. Geh auf eine kleine Gruppe von Mädels zu, vorzugsweise ebenfalls Touristinnen, und sag ihnen, dass Du alleine unterwegs bist. Kaum jemand wird Dich wegschicken – sie werden Dich vermutlich offen aufnehmen. Kommst Du dann in den Club, hast Du entweder neue Freunde gefunden oder die unangenehmste Situation und größte Wahrscheinlichkeit, Dich als solo zu outen, schon hinter Dir.

Setz Dich an die Bar!

Neue Freunde findest Du an der Bar. Denn wenn auch andere solo unterwegs sind, denken sie wie Du und finden sich dort.

Freunde Dich zu allererst mit dem Barkeeper an – oder den Kellnerinnen!

Frauen, die alleine unterwegs sind, scheinen den Beschützerinstinkt in den meisten Menschen auszulösen. Wenn Du also Deine Kellnerin oder den Barkeeper wissen lässt, dass Du alleine unterwegs bist, werden sie vermutlich ein Auge auf Dich werfen.

Check einmal gründlich die Lage!

Bist Du im Club oder Pub angekommen, schau Dich einmal gründlich um. Wo sind die Toiletten (Fluchtpunkt Nummer 1 als Frau) und wo sind die Ausgänge? Wo ist der Barkeeper und wo schwirren die Kellnerinnen herum?
Fühlst Du Dich unwohl oder bekommst ungewollte Aufmerksamkeit, kennst Du so die Fluchtwege aus der Situation.

Tritt in Aktion!

Wenn Du in einem Pub oder Club bist, fass Dir ein Herz und quatsch einfach Leute an, die Dir sympathisch erscheinen. Einmal überwunden, ist es gar nicht mehr so schwer. Ein vorstellender Satz wie „Hi, ich bin alleine unterwegs, habt ihr etwas dagegen, wenn ich mich euch anschließe?" hat bisher noch jede Mädelsgruppe, die ich getroffen habe, zu meinen neuen BFF's gemacht.
Frauen halten eben zusammen.

Lass die Finger vom Alkohol!

Muss ich das näher erklären? Ich vermute nicht. Trotzdem ein Wort oder zwei dazu: Ein Glas Cider oder Bier scheint nicht das Problem zu sein, allerdings bleibt es dann doch seltener bei nur einem Glas. Selbst wenn Du es vielleicht nicht wahrnimmst, Deine Aufmerksamkeit nimmt mit jedem Schluck ab.

Nimm Dir ein Taxi zurück in Deine Unterkunft!

Egal, wie nett die Menschen sein mögen: Steig nicht in ihr Auto ein. Solltest Du Dich vor dem unangenehmen Moment fürchten, die Mitfahrgelegenheit ablehnen zu müssen, geh einfach etwas vor oder nach ihnen.
Und lass Dir vom Barkeeper oder Türsteher schon ein Taxi rufen, bevor Du ihnen sagst, dass Du gehst. So kannst Du unangenehmen Diskussionen ausweichen.

Alleine auszugehen kann eine Herausforderung sein. Aber eine, die wirklich tolle Menschen und Erlebnisse hervorbringt. Und die mit der richtigen Einstellung auch nicht gefährlicher sein muss als zu Hause in der gewohnten Umgebung. Dort kannst Du ja schon mal üben.

SOLLTEN WIR ALS ALLEINREISENDE FRAUEN COUCHSURFEN?

Über das Thema Couchsurfing als Frau wird endlos diskutiert. Es gibt einige Frauen, die schwören, es gibt keine bessere Art, auf Reisen Menschen kennenzulernen, Kontakt zu Einheimischen zu bekommen und dabei auch noch Kosten zu sparen. Allerdings solltest Du dabei wie immer einige Punkte bedenken, bevor Du Dich auf die nächste Couch wirfst…

Nicht alle Menschen sind gleich

Nur, weil es genügend Frauen gibt, die mit Couchsurfing absolut kein Problem haben, musst Du nicht eine davon sein. Und Du musst Dich vor allem nicht schlecht fühlen, wenn Du anfangs gehemmt oder nervös bei den „ersten Malen" bist.
Mir ging es ganz genauso und ich habe mich erst dazu durchgerungen, als ich mit zwei Schwestern unterwegs war, die bereits Erfahrung mit dem Couchsurfing hatten und mich quasi einfach mitgezogen haben.
Danach war ich von dem Konzept allerdings begeistert!

Ein paar Grundregeln für Deine Sicherheit

Die Plattform an sich hat schon viele Sicherheitsschranken. Es ist unwahrscheinlich, dass jemand komplett durch das System rutscht, und wenn Du einen „Verified"-Account anschreibst, der noch dazu viele gute Bewertungen hat (die Du Dir unbedingt gründlich durchlesen solltest, damit Du weißt, was Dich erwartet), ist es sehr unwahrscheinlich, dass Du damit reinfällst.

Trotzdem solltest Du anfangs ein paar Grundregeln für

Dich selbst aufstellen: Lass jemanden wissen, wohin Du gehst und bei wem Du übernachtest. Triff Dich vielleicht vorab mit der Person auf einen Kaffee, wenn Du die Möglichkeit hast. Das ist eine tolle Möglichkeit zum gegenseitigen Beschnuppern.

Couchsurfing ist nicht umsonst

Viele sehen das Couchsurfing als eine Möglichkeit an, kostenlos zu reisen. Das stimmt nur bedingt. Wenn Du ein guter Couchsurfing-Gast sein möchtest (und ich nehme einfach mal an, dass wir beide die Einstellung der Höflichkeit haben), dann solltest Du Dich schon in irgendeiner Form erkenntlich zeigen.
Ob Du ein Gastgeschenk mitbringst (eine Flasche Wein zum Beispiel) oder mal abends für Deinen Gastgeber oder Deine Gastgeberin kochst - in irgendeiner Form solltest Du „Dankeschön" sagen für einen sicheren Schlafplatz und ein warmes Bett.

Zum anderen ist das Prinzip des Couchsurfings in erster Linie: Tausche Schlafplatz gegen Gesellschaft und Unterhaltung. Wenn nicht jemand ganz klar das Gegenteil in im eigenen Profil schreibt, geht es beim Couchsurfing in erster Linie um den Austausch und den Kontakt zu anderen Menschen. Wenn Du nicht bereit bist, mit Deinem Gastgeber Zeit zu verbringen, dann ist Couchsurfing nicht das richtige für Dich.

Es wird immer schwarze Schafe geben

Wenn Du Dich auf das Couchsurfing einlässt, wirst Du vielleicht auch mal an ein schwarzes Schaf geraten. Genauso wie Du mal ein faules Ei bei der Auswahl Deiner Unterkünfte dabei haben wirst, wird vielleicht auch mal ein Host dabei sein, der absolut, dreist oder zudringlich ist.

Hier hilft es, schon nachmittags oder mittags anzukommen, sodass Du ein Gefühl dafür bekommst, ob ihr zusammenpasst oder ob Du Dir vielleicht doch spontan noch einen neuen Schlafplatz organisierst. Hab keine Hemmungen, einfach wieder zu gehen. Das wird vielleicht Überwindung kosten, aber was sind zehn Minuten Unbehagen, wenn Du jemandem beibringst, dass Du gehen möchtest, gegen 24 Stunden quälenden Durchhaltens?

Wenn Du Dir Sorgen darum machst, abends belästigt zu werden oder die Frage gestellt zu bekommen, ob Du und Dein Gastgeber nicht vielleicht zusammen auf der Couch übernachtet, dann such Dir von vornherein Wohngemeinschaften, in denen ein extra Bett oder eine Couch angeboten wird und in denen mindestens eine Frau wohnt (und auch anwesend sein wird) – oder gleich ausschließlich weibliche Gastgeber.

Alternativen zum klassischen Couchsurfing

Eine tolle Alternative, aber leider noch nicht weltweit vertreten, ist das weibliche Prinzip *Women Welcome Women*, das ich auch schon im ersten Buch „Frauen Reisen Solo“ erwähnt habe.
Hier gibt es ausschließlich Frauen als Gastgeber, allerdings kostet die Plattform einen Jahresbeitrag. So wird gesichert, dass alle Teilnehmerinnen tatsächlich ernsthaft motiviert sind, und natürlich die Kosten der Pflege der Plattform bezahlt.
Ich weiß, viele dieser Sicherheits-Tipps wiederholen sich, aber sie sind wichtig und müssen sich in Deinen Kopf einbrennen. Nichts ist gefährlicher, als mit der eigenen Sicherheit nachlässig zu werden.
Und Frauen halten eben zusammen.

SELBSTVERTEIDIGUNG UND WAS DU AUF KEINEN FALL TUN SOLLTEST

Was, wenn ich aber nun doch in einer gefährlichen Situation lande?

Das Thema Selbstverteidigung taucht im Zusammenhang mit dieser Frage immer häufiger in den Diskussionen auf Facebook und auch in den Kommentaren auf dem Blog auf, und ich könnte keine stärkere, klare Meinung dazu haben, die den meisten widerspricht:

Waffen in jeder Form, die auch gegen Dich verwendet werden können, sind absolut tabu!

In dem unwahrscheinlichen Fall, dass Du 1,90m groß, stark und muskulös bist, würde ich in diesem Punkt vielleicht abweichen. Für alle anderen lasse ich keine andere Regel gelten. Da kannst Du gerne mit mir diskutieren – daran wird sich nichts ändern.

Falls Du Dich gerade völlig erstaunt fragst, warum ich so denke, stell Dir folgende Frage:

Glaubst Du wirklich, dass jemand, der mit hoher Wahrscheinlichkeit größer und stärker ist als Du, und der darauf aus ist, Dir etwas wegzunehmen oder anzutun, der den Überraschungseffekt auf seiner Seite hat, der sich auf diesen Übergriff vorbereitet hat, den kannst Du tatsächlich mit einer Waffe abschrecken oder daran hindern, sie Dir wegzunehmen? Wirklich??
Denk noch einmal.
Denn Du hast ihm gerade eine zusätzliche Waffe geliefert.
Deine.

Hier also ein paar Tipps, die Dir tatsächlich etwas bringen, wenn Du als Single Urlaub machst, anstatt Dich noch mehr in Gefahr zu bringen:

Trainiere Deine Stimme

Vermutlich schnaufst Du nun und fragst Dich, was Dir das bringen soll. Und genau dabei liegt das Problem.
Wir sind uns überhaupt nicht bewusst, wie wertvoll unsere Stimme ist. Ein klares und deutliches „Nein!", eine kräftige Stimme, die dabei nicht zittert, oder ein deutlicher Hilferuf sind die beste Waffen, die Du bei Dir trägst.
Wir vertrauen nur nicht auf unsere Stimme, weil wir Angst haben, dass sie sich in den Momenten, in denen wir sie wirklich brauchen einfach verzieht. Dass sie versagt.

Ein weiterer Tipp, den ich nun schön häufiger gelesen habe: Ruf nicht um Hilfe, (denn leider wird das scheinbar mehr und mehr ignoriert, da es allzu häufig missbraucht wird) sondern ruf „Feuer!". Es lenkt die Aufmerksamkeit auf Dich und gibt Dir die Möglichkeit, einen Menschen, der sich Dir zuwendet direkt anzusprechen.

In einer Gruppe von Menschen fühlt sich der Einzelne oft nicht direkt in der Verantwortung. Sprichst Du aber eine Person aktiv an (Augenkontakt und Sätze wie: „Du im roten Pulli – bitte hilf mir!"), fühlt sie sich viel eher verpflichtet einzuschreiten.

Deshalb trainiere Dich und Deine Stimme.

Geh in den Keller und schrei das Regal an. Sag ihm mal ganz klar, dass Du nicht begleitet, nicht belästigt und vor allem nicht angefasst werden willst. Und wenn Du das Deinem Kellerregal schon mal klarmachen konntest, bist Du bereits einen Schritt weiter.

Mir wurde das zum Glück bereits in der Schule beigebracht. Aber ich wurde nicht gezwungen, mein Kellerregal anzuschreien, sondern meinen Lehrer.
Ich war als wohlerzogenes Mädchen hinterher nur noch eine leuchtend rote Tomate, aber wenn Du einmal Deinem Lehrer die Meinung sagen musstest, dann schreckt Dich nicht mehr so viel.

Blättere hier nicht achtlos weiter, weil Dir das vielleicht zu blöd ist, schreiend vor einem Regal zu stehen. Behalte eins im Kopf: Eine kräftige Stimme und eine klare Aussage sind wie Muskeln. Du musst sie trainieren. Denn im Rohzustand sind sie oft ziemlich schwach.

Vergiss Deine gute Erziehung

Damit wären wir auch gleich beim nächsten Punkt: Viele von uns – nicht alle – sind viel zu nett. Das musst Du als allererstes ablegen, wenn Du als alleine reisen willst.
Wir wollen niemandem zu nahe treten, nicht unfreundlich sein und haben selbst dann noch ein schlechtes Gewissen, wenn wir das 26. Taxi abgelehnt haben oder uns für die vielen Taxi-Angebote nicht jedes Mal bedanken.

Das musst Du ablegen

Du musst nicht unfreundlich werden, weil Dir jemand freundlich Taxis und Massagen anbietet aber Du musst deutlich und bestimmt werden.
So, dass Du dann den Unterschied merkst, wenn die freundliche Verkaufsmasche zur unerwünschten Aufmerksamkeit wird.
Deshalb habe ich mich eines Nachts auf der Insel Gili Trawangan in Indonesien auch resolut herumgedreht, bin stehengeblieben und habe dem netten Balinesen, der mich seit gut 500m mit seinem Fahrrad unerwünscht begleitet

hat, ganz klar gesagt, dass ich von diesem Punkt an gerne alleine weitergehen möchte.
Ich bin nicht unfreundlich geworden, denn ich wusste, Balinesen sind im Grunde viel zu nett und respektieren ein Nein – aber nur dann, wenn es glasklar, unmissverständlich und neutral ist. Nicht begleitet von einem netten Lächeln, denn das könnte ja bedeuten „Ach, sie meint es gar nicht so."
Alles über ein deutliches Nein hinaus deuten sie als eine klitzekleine Möglichkeit, dass da doch noch eine Chance besteht.

Sei resolut, sei knallhart und hinterlass keinen Zweifel an Deiner Aussage. Und damit kannst Du nun wieder zum Punkt über diesem zurückkehren.

Sei dazu bereit, Fremde um Hilfe zu bitten

In Situationen, die Dir ein Gefühl des Unwohlseins oder sogar der Bedrohung hervorrufen, leg Deine Scheu ab und sprich fremde Menschen an. Frag sie, ob Du Dich ihnen kurz anschließen kannst, weil Du alleine reist und Dich unsicher fühlst.
Und sollte Dich gerade jemand belästigen oder einfach nicht in Ruhe lassen, dann frag jemanden, ob er demjenigen bitte mal klar die Meinung sagt. Wenn Deine eigene Stimme nicht ausreicht, hol Dir eine zweite.

Während Du das liest, kommt Dir das vielleicht seltsam vor und Du fühlst Dich zu schüchtern dazu, aber behalte das gut im Hinterkopf. In der Not legst Du diese Schüchternheit schnell ab.

Handy: ja oder nein?

Ich habe vor allem in Deutschland oft mein Handy als pseudo-Verteidigung genutzt. Wenn ich nachts alleine nach Hause laufen musste, habe ich entweder eine Freundin angerufen und mit ihr gequatscht, bis ich angekommen bin, oder in Situationen in denen ich mich unwohl gefühlt habe, so getan als ob. So hätte ich direkt um Hilfe rufen können, wenn mir etwas passiert wäre (oder zumindest hätte mein Feind geglaubt, ich könnte es…).
Aber mittlerweile lese ich immer häufiger, dass ich mich auch so zum leichteren Opfer mache, weil ich abgelenkt wirke. Eine Alleinreisende ist für viele schon wie eine Einladung und ist noch verlockender, wenn sie auch noch wie ein leichtes Opfer wirkt. Diese Technik steht also zur Debatte…

Wenn ich tatsächlich eine Freundin hätte, mit der ich telefonieren könnte, würde ich es tun. Aber vortäuschen würde ich es wohl nicht mehr.

Nutz eine Trillerpfeife oder ähnliches

Es gibt mittlerweile alle möglichen Krachmacher, zum Beispiel Alarmpfeifen. So etwas ist die einzige „Waffe", die Du Dir einstecken solltest. Sie kann nicht gegen Dich verwendet werden, gibt Dir aber in halbgefährlichen Situationen vielleicht den Überraschungsmoment, den Du brauchst, um wegzulaufen. Halbgefährlich sage ich wegen unseres nächsten Punktes:

Spiel nicht die Heldin

Wenn Dir jemand gegenübersteht und Dein Geld will, gib ihm Dein Geld. Wenn er Deine Kreditkarte will, gib ihm Deine Kreditkarte. Versuch nicht zu tricksen, wenn ihr vor

dem Geldautomaten steht. Wenn er merkt, dass Du ihn reinlegen willst, wird sein Ärger Dich vielleicht doppelt so hart treffen. Das Zauberwort hier heißt: Deeskalation!
Was das bedeutet? Einfach gesagt: Mach ihn nicht noch aggressiver.
Jemand, der Dich ausrauben oder Dir etwas antun will, ist vollgepumpt mit Adrenalin oder Schlimmerem. Du tust Dir also keinen Gefallen damit, das Feuer noch zu schüren.
Bleib ruhig, werde nicht aufmüpfig oder sogar provozierend.

Ich denke es ist klar, dass wir nicht mehr von unerwünschter Aufmerksamkeit reden, sondern den Situationen, in denen Du nicht mehr überlegen musst, ob das hier gerade eine gefährliche Situation ist oder nicht.

Mach vor Deiner Reise einen Selbstverteidigungskurs

Das ist der wirkungsvollste Tipp, den ich Dir geben kann. Dort bekommst Du nicht nur eine kräftige Portion Selbstvertrauen eingeimpft, sondern erfährst auch ganz genau, wie Du Deinem Gegner schaden kannst, ohne Dir selbst zu schaden. Leider vernachlässigen viel zu viele Frauen diesen Punkt, bevor sie alleine losreisen – mich eingeschlossen. Aber ich habe mir fest vorgenommen, dieses Jahr, wenn ich wieder in Berlin bin, einen zu besuchen und dann darüber zu berichten. Kommst Du mit?

Als Take-away-Message merke Dir:

Mach Dich nicht selbst zum Opfer!

Denk nach, was Du tust, mach Dir bewusst, welches Risiko Du eingehst und wie Du Dich nach außen darstellst.
Am Wichtigsten ist allerdings, jederzeit auf Dein Bauchgefühl zu hören.

ABZOCKEN WIE FÜR UNS GEMACHT...

Auch ich bin schon auf einige hereingefallen: Abzocken!

Auf englisch „Scams" genannt. In vielen Ländern ist das schon zur Kunst erhoben: Touristen abzocken und austricksen. Und besonders als Alleinreisende wirken wir wie einfache Opfer.

Auch Du wirst früher oder später in eine Falle tappen, allein deshalb schon, weil die Betrügereien immer besser und ständig neu angepasst werden, weil auch die Betrüger merken, wenn ein Trick nicht mehr funktioniert, und sie sich neue ausdenken.

Lass Dich also nicht bequatschen oder in Fallen locken, die Du vermeiden kannst. Wie? Indem Du Dir über die gängigsten Bescheid weißt.

Die überteuerten Flughafen-Taxis

Wenn Du in einem neuen Land am Flughafen ankommst, ist es sehr leicht, Dich als Frischling zu identifizieren und Dich abzuzocken. Besonders die Taxis machen sich das zunutze und schlagen gerne mal den doppelten oder dreifachen Preis drauf.

Gute Alternativen sind Pre-Paid Taxis, die an manchen Flughäfen angeboten werden, Dich von Deinem Guesthouse oder Hotel abholen zu lassen, ein Airport-Shuttle in die Stadt zu nehmen (recherchier das online – das gibt es an den meisten Flughäfen) oder vorab herauszufinden, was die Fahrt normalerweise kostet (zum Beispiel durch eine Nachfrage bei Deiner Unterkunft) und dann den Preis vorab auszuhandeln.

Die Geldschein-Wechsel-Methode

Wenn Du dann aussteigst, haben es manche Taxifahrer drauf, Deinen Geldschein ganz schnell auszutauschen und zu behaupten, Du hast ihnen irrtümlich zu wenig gegeben. Das klappt besonders gut, wenn sich die Scheine stark ähneln (wie in Thailand zum Beispiel die 100 und 1000 Baht-Scheine) oder wenn Du Dich mit der Währung generell noch nicht auskennst.
Deshalb frag vorher entweder ganz offensichtlich „Können Sie diesen 1000 Baht-Schein wechseln?" oder versuch schon am Flughafen, große Scheine kleiner zu wechseln, sodass Du gar nicht erst mit großen Scheinen zahlen musst.

Die Flughafengebühr im Taxi

Als ich in Mexico zum Flughafen fuhr, machte ich nach langer Zeit mal wieder den Fehler, nicht vorab den Preis auszuhandeln. Das Taximeter lief, also fühlte ich mich auch sicher und hatte vorab auch an der Rezeption gefragt, wie hoch der Preis in etwa sein würde.
Als wir am Flughafen ankamen, verlangte er allerdings plötzlich dreimal so viel und faselte die ganze Zeit „Flughafengebühr". Er gab vor, kein Englisch zu sprechen und so ignorierte er meine Versuche, ihn davon zu überzeugen, dass ich wusste, dass es diese Gebühr nicht gab. Leider hatte ich auch nur einen mittelgroßen Schein und so behielt er einfach das Wechselgeld und fuhr weg.

Merk Dir also: Vorab immer den Preis aushandeln. Noch dazu solltest Du im Idealfall das passende Geld bereit haben, um gar nicht in die Wechselgeld-Falle zu tappen. Die Rezeptionistin hatte mir sogar empfohlen, das Geld kleiner zu wechseln, aber ich hatte den Ratschlag ignoriert (nicht um den Scam wissend) und letztendlich im wahrsten Sinne des Wortes dafür bezahlt.

Die doppelte Taxi-Rechnung

Wenn Du mit mehreren Leuten in ein Taxi steigst, egal ob zu zweit, als vermeintliches Pärchen oder als Gruppe, frag immer genau nach, ob der Preis für die Fahrt pro Person oder pro Taxi gilt – sonst zahlst Du schnell mal den doppelten oder vierfachen Preis.

Der geschlossene Tempel

In Südostasien wird seit Jahren der gleiche Scam genutzt und immer wieder lese ich davon, wie jemand darauf reinfällt: Du möchtest von einem TukTuk-Fahrer zu Sehenswürdigkeit X gebracht werden und er erzählt Dir sehr überzeugend, dass diese heute ganz oder bis zum Nachmittag geschlossen ist.
Das stimmt in genau 0% der Fälle, also besteh darauf, Dich dorthin fahren zu lassen oder such Dir jemand anderen.
Denn darauf folgt dann sofort der nächste Trick:

Die günstige Stadtrundfahrt

Ein TukTuk-Fahrer bietet Dir für einen unschlagbaren Preis eine Stadtrundfahrt an. Und hier merk Dir eins: Wenn ein Angebot zu gut klingt, um wahr zu sein, dann ist es das in der Regel auch. Denn anstatt Dir die Stadt und die Sehenswürdigkeiten zu zeigen, fährt er Dich von einem Händler zum nächsten, wo Du in die Geschäfte gezogen und zum Kaufen animiert wirst. So wird eine tolle Stadtrundfahrt schon mal der längste Vormittag Deines Lebens…

Das Notizbuch für Kinder

Von diesem Scam habe ich nur gelesen, aber er klingt so gut, dass ich ihn auf jeden Fall erwähnen wollte, denn ich

wäre definitiv darauf reingefallen:
Ein Kind kommt auf Dich zu und bittet Dich darum, ihm ein Notizbuch oder Heft für die Schule zu kaufen. Das kommt Dir nachvollziehbar vor und berührt mit Sicherheit Dein mitfühlendes Herz. In dem Glauben, etwas Gutes zu tun, folgst Du dem Kind in eine Art Schreibwarenladen und kaufst das Buch. Leider geht das Kind anschließend zurück in den Laden, tauscht das Buch gegen eine Provision ein und beginnt von vorn.

Die Mutter mit ihrem kleinen Kind

In Indonesien ist es üblich, dass Mütter mit kleinen Kindern auf der Straße bettelten. Meist ist ihre Kleidung schmutzig und schlicht, sodass Du allein wegen der kleinen Kinder schon nachgibst.
Diese Mütter sind leider oft Teil eines Betrügerrings.
In Ubud, Bali, habe ich mich trotz meines weichen Herzens immer geweigert, Geld zu geben. Als aber eine Frau mit einem Kleinkind ganz verzweifelt auf meine prallvolle Tüte mit Obst starrte, konnte ich nicht mehr anders als ihr etwas davon abzugeben. Wenn Du also etwas geben möchtest und wirklich den Eindruck hast, sie sind verzweifelt, kauf Essen und gib es den Frauen und ihren Kindern.

Die Charity-Falle

Kinder kommen auf Dich zu und bitten um eine Spende für eine wohltätige Stiftung, sei es für ein Kind, das dringend einen Rollstuhl braucht, oder für eine Schule. Lass Dir immer einen Ausweis oder etwas anderes zeigen (nicht einfach nur einen kopierten Zettel), der belegt, dass diese Organisation tatsächlich existiert und dass die Kinder dazugehören. Du erkennst sehr schnell, wie echt das Ganze ist, wenn die Kinder lediglich Touristen ansteuern und keine Einheimischen.

Das gefälschte Ticket

Ein leider sehr gängiger und fataler Scam: Es gibt einige gefälschte Touristenbüros, die Dir Tickets für Busse, Züge und sogar Flüge verkaufen, die gar nicht existieren.
Schalte bei so etwas Deinen Kopf ein: Lass Dich nicht auf der Straße ansprechen und Dir ein Ticket aufschwatzen. Kein legitimes Tourist-Office ist in einem Schmuckladen oder ähnlichem untergebracht. Und sobald Du für Dein Ticket in ein Hinterzimmer geführt werden musst, sollten alle Alarmglocken bei Dir klingeln.

Der überteuerte Grenzübergang

Das ist leider ein Trick, vor dem es kaum ein Entkommen gibt: An vielen Grenzübergängen in Südamerika und Südostasien werden Extragebühren verlangt. Eine Stempelgebühr, eine Gebühr für ein Gesundheitszeugnis bei der Einreise (ein Zettel, den Du ausfüllen und dafür zahlen musst), eine Ausreisegebühr… Die Namen dafür sind endlos und meist falsch. In der Regel hat Dein Visum einen Festbetrag, alles andere sind Betrügereien.
Das Problem ist: Selbst wenn Du davon weißt, ist es meist schwer, diese Extragebühren zu umgehen. Denn wenn Du Dich weigerst, sitzen die Betrüger die Sache einfach aus. Schließlich haben sie den ganzen Tag Zeit und Du willst über die Grenze…

Das geschlossene Hotel/ Guesthouse/ Hostel

Wenn Du von der Busstation oder dem Flughafen zu Deiner Unterkunft möchtest, erzählt Dir Dein Fahrer sehr überzeugend, dass es Deine Unterkunft nicht mehr gibt oder dass sie geschlossen ist. Halte dafür einfach die Adresse bereit und bestehe darauf, dorthin gebracht zu werden. Lass Dich nicht verunsichern. Sollte sie tatsächlich zu sein (was sehr, sehr unwahrscheinlich ist), kann er Dich ja immer noch zu einer anderen Unterkunft bringen.

Der goldene Ring

Diese Betrügerei ist vor allem in den Großstädten Europas beliebt. Eine Frau kommt dabei auf Dich zu und hebt etwas vom Boden auf. Sie zeigt Dir einen goldenen Ring und behauptet, er sei Dir eben runtergefallen. Wenn Du widersprichst, drückt sie ihn Dir trotzdem in die Hand und verlangt eine Belohnung. Oder sie wird versuchen, Dich davon zu überzeugen, dass er aus echtem Gold ist, und ihn Dir für wenige Euros verkaufen wollen.

Das abgeschlossene Auto

Der letzte Scam ist der einzige, den ich nicht wirklich habe kommen sehen, und der mir am peinlichsten ist:
Auf einer Tagestour gemeinsam mit anderen Reisenden und mit einem Fahrer, wie es in Indonesien ganz üblich ist, wurde unser Fahrer wiederholt auf dem Handy angerufen. Immer wieder brach die Verbindung ab, bis er total frustriert aufgab.
Als er uns am nächsten Besichtigungspunkt absetzte, behauptete er, nun telefonieren zu müssen und ließ uns allein. Nachdem er uns versichert hatte, er würde das Auto abschließen und wir könnten unsere Taschen darin lassen.
Ziemlich dumm und naiv ließ ich beides im Auto.
Erst am Abend, lange nachdem wir uns verabschiedet hatten, fiel mir auf, dass mir 50 Euro in indonesischen Rupien fehlten. Unser Fahrer hatte uns am Anfang der Tour noch selbst zu einem Geldautomaten gefahren und wusste daher, dass unsere Geldreserven gut gefüllt waren.

DIE BESTEN SICHERHEITS-TOOLS FÜR DEINE WERTSACHEN

In den letzten Monaten habe ich immer wieder in Diskussionen über die Sicherheit meiner Wertsachen auf Reisen gesteckt. Es wird also Zeit, dieses Thema gründlicher anzupacken. Zunächst müssen wir aber einen entscheidenden Punkt klären:

Wo Du übernachtest

Wir dürften uns einig sein, dass es in Hotels ein deutlich geringeres Risiko gibt, dass Deine Wertsachen verschwinden. Natürlich ausgehend davon, dass Du nicht in schäbigen Absteigen landest.
Hotels haben meist Sorge um ihren guten Ruf. Die Angestellten und das Housekeeping-Team sind nicht nur bedacht darauf, dass Du einen schönen Aufenthalt hast, sondern auch darauf, dass Du nicht zu Schaden kommst. Also auch nicht Deine Wertsachen.
Etwas, das sie alle gemeinsam hatten? Einen Safe im Zimmer. Egal wie klein – ich hatte bisher immer etwas, worin ich meine absoluten Heiligtümer einschließen konnte. Und wenn das ausnahmsweise mal nicht der Fall war, hätte ich sie am Empfang abgeben können.
Deshalb habe ich mir in Hotels bisher nie große Sorgen um die Wertsachen auf Reisen gemacht. Es ist ja auch niemand mit mir im Zimmer, der etwas von meinem Bett einsammeln könnte.
Allerdings solltest Du in Hotels darauf achten, dass die Safes, die Dir angeboten werden, einen Code besitzen, den Du selbst einstellen kannst. Nutze keinen Safe, der einen bereits festgelegten Code hat, und lass keine Wertsachen offen herumliegen – besonders nicht in Ländern, in denen die Menschen selbst nur wenig Geld zum Leben haben.

Mach es ihnen nicht zu verlockend, beim Aufräumen des Zimmers etwas einzustecken.

Damit kommen wir zum Kern des Problems: Mehrbettzimmer!

Und damit auch zur eigentlichen Wahrheit über die Diebstähle: In 90% der Fälle sind es leider die lieben Mitreisenden, die Dich beklauen, und nicht das Personal. Traurig, aber wahr! Daher ist das Risiko, dass etwas verschwindet, in Hostels auch leider deutlich höher als in Hotels.
Aber nicht nur in Deiner Unterkunft kannst Du bestohlen werden, sondern vor allem auf Tagestrips unterwegs. Dafür gibt es jedoch einige kleine Helferlein, die Dir das Reisen erleichtern und Dich durchatmen lassen:

Nummer 10: Brusttasche oder Bauchgürtel

Ich habe anfangs noch einen Bauchgürtel für meine Dokumente genutzt. Später habe ich ihn dann aber abgeschafft, nachdem ich gemerkt hatte, dass ich ihn nur noch am Flughafen nutze, weil es dann wirklich praktisch ist, alles beisammen zu haben. In Ländern, in denen auf der Straße gern die Tasche weggerissen wird, ist er aber auch nicht unpraktisch!

Nummer 9: Mini-Geldsafe

Meiner Meinung nach eine absolut geniale Idee, die Du Dir leicht selbst basteln kannst: Leere Alltagsgegenstände wie eine Pullmoll-Dose oder einen Labello-Stift komplett aus und Du hast einen tragbaren, unauffälligen Mini-Safe, in dem Du einen Geldschein oder sogar Schlüssel verstecken kannst.

Nummer 8: Diebstahlsicherer Kameragurt

Auf die Kameragurte, die nicht durchschneidbar sind, hat mich eine Leserin meines Artikels über die DSLR (Digitale Spiegelreflex Kamera) auf Reisen hingewiesen. Auch hier: In Ländern mit Straßen-räubern bestimmt sinnvoll! Besonders bei sehr wertvollen Kameras.

Nummer 7: Pacsafe Beutel

Pacsafe bietet so ziemlich alles an: von großen Rucksäcken über kleine Taschen bis hin zu Beuteln, in die bequem ein kleiner Laptop und alle Wertsachen passen. Der Beutel lässt sich nicht aufschneiden und kann mit einem Sicherheitsdrahtseil dann noch an alles Mögliche angekettet werden. Ist aber leider nicht so günstig.

Nummer 6: Kleidung mit Innenreißverschlüssen

Im Prinzip kannst Du jede Jacke, die innere Reißverschlüsse hat, als Mini-Safe nutzen, um Dinge nah am Körper zu tragen. Dann darfst Du die Jacke bloß nicht irgendwo herumliegenlassen…

Nummer 5: Der Sonnenmilch-Safe

Ähnlich wie die Mini-Safe-Technik: Leere eine Sonnenmilchflasche komplett aus, vergrößere die Öffnung mit einer Schere und nutz sie als Safe, in die dann auch Deine Kreditkarte, Geld uns Schlüssel passen. Polstere sie mit Taschentüchern aus, damit das Rascheln sie nicht gleich enttarnt.

Nummer 4: Das BH-Päckchen

Auch eine sehr clevere Art, Dein Geld zu sichern: im BH!

Allerdings habe ich in warmen Ländern dann oft das nasse Geld am Leib. Also nicht unbedingt zu empfehlen.
In trockenen Regionen, wenn er dann leichter herausrutschen kann, habe ich immer ein bisschen Sorge, den Geldschein doch zu verlieren, daher ist ein BH-Täschchen ideal: Das sind kleine, rechteckige Täschchen, gerade groß genug, um eine Kreditkarte und Geld zu verstauen. Mit einem Druckknopf kannst Du das Täschchen dann an Deinem BH-Träger befestigen.

Nummer 3: Abschließbare Gepäckstücke

Du solltest beim Kauf Deines großen Rucksacks auf jeden Fall darauf achten, dass er abschließbare Reißverschlüsse besitzt! Ich nutze meinen Deuter 55+10 SL meist als riesigen Safe. Gemeinsam mit meiner Nummer 1.

Nummer 2: Umhängetaschen

Ich komme immer mehr von Tagesrucksäcken weg, weil ich nie weiß, was da hinter mir passiert. Und ihn immer wieder von einem kleinen Schloss zu befreien, war mir irgendwann zu lästig. Also habe ich nun dauerhaft eine Umhängetasche bei mir, die ich seitlich tragen kann und damit viel besser im Blick habe. Damit bin ich absolut zufrieden. Gibt es für die ganz Unsicheren auch von Pacsafe!

Meine Nummer 1: Die kleinen Zahlenschlösser

Nichts hat mir auf meinen Reisen so sehr geholfen wie kleine TSA-Zahlenschlösser! Ich verschließe damit meinen großen Rucksack, wenn ich unterwegs bin, meine Umhängetasche am Fahrradkorb, wenn ich radle, und die Spinde, die immer mal wieder in Hostels zur Verfügung stehen. Gold wert!
TSA-Schlösser deswegen, weil sie es dem Zoll ermöglicht,

sie zu öffnen – was besonders in den USA häufig vorkommt. Die Alternative ist nämlich, dass sie Dein Gepäckstück oder das Schloss aufschneiden oder aufbrechen, wenn sie etwas Verdächtiges darin vermuten. Und Du stehst anschließend mit einer nur noch halb-intakten Tasche da.

Ich nutze wie gesagt nicht all diese Utensilien selbst. Aber das liegt vor allem an meiner Reiseerfahrung und meiner persönlichen Einstellung. Was nicht bedeutet, dass Du übertrieben paranoid oder absolut nachlässig bist, wenn du mehr oder weniger Wert auf Sicherheit legst.

Bonus-Sicherheits-Tipps:

Möchtest Du Dich wirklich absichern, überleg einfach, ob Du Dir nicht eine Reiseversicherung zulegen möchtest. Das lohnt sich vor allem bei kurzen Reisen, denn für Langzeitreisen, kann das ordentlich auf das Budget schlagen. Heb dafür alle Rechnungen Deiner Wertsachen gut auf, denn die wirst Du im Schadensfall vorlegen müssen. Allerdings wird in den wenigsten Fällen der Kaufwert ersetzt, sondern der geschätzte aktuelle Wert. Gut im Kleingedruckten der Versicherung nachlesen!

Wenn Du in einem Mehrbettzimmer schläfst: Lass keine Wertsachen offen auf Deinem Bett herumliegen und verlass dann das Zimmer. Dann kannst Du nämlich auch gleich ein Schild „Nimm uns mit!" dranhängen.

Lass bei Tagestouren alle Wertsachen am sichersten Ort und schlepp nicht automatisch alles mit. Ich persönlich habe meinen Reisepass immer bei mir, aber bei allen anderen Wertsachen wäge ich ab, wie viel ich mit mir herumtrage. Vor allem solche Dinge wie Dokumenten-Scans und Kreditkarten sollten immer an zwei verschiedenen Orten sein. Also eine Version bei Dir, die andere gut gesichert bei Deinem Gepäck.

Einen sehr guten Tipp habe ich mir gerade abgeschaut: Mach eine Kopie Deines Reisepasses und lass ihn laminieren. Wenn Du dann an einer Mietstation oder in der Unterkunft gebeten wirst, Deinen Reisepass dort zu lassen, gibst Du stattdessen diese Kopie ab.

Ein letzter Rat: Schalt Deinen Kopf ein und begib Dich nicht selbst in die Opferrolle! Egal, wie vertraut eine Umgebung nun schon wirkt, lass nie Deine Vorsichtsmaßnahmen außer Acht!

Wie immer bei diesen Tipps gilt folgende Regel: Schaff Dir soviel an, wie Du brauchst, um Dich sicher und wohl auf Deiner Reise zu fühlen! Und wenn das alle aufgezählten Utensilien sind oder gar keine, dann ist das eben so! Du bestimmst.

WIE DU ALS TOURISTIN NICHT WIE EINE TOURISTIN WIRKST

Ein letzter Tipp für Deine Sicherheit und einer der simpelsten überhaupt: Mach Dich nicht selbst zum Opfer!

Wenn Du schon aus 200m Entfernung wie eine Touristin wirkst, dann wirst Du für jeden Betrüger und Abzocker zu einem leichten Opfer.

Hier ein paar Hinweise, wie Du Dich ganz schnell als Touristin und somit als leichtes Opfer outest…

Du rennst überall mit der Karte in der Hand herum

Jemand, der Ausschau nach Touristen hält, denen er etwas andrehen kann, hat ganz schnell das Mädel mit dem Stadtplan im Auge, weil es sich ganz offensichtlich nicht auskennt.

Schaff Dir eine App für Dein Handy an (z.B. MAPS.ME - womit Du sogar GPS nutzen kannst, um Dich offline zurechtzufinden!) und lade Dir die jeweiligen Stadtpläne oder Länder darauf. Ist deutlich unauffälliger. Ich nutze diese App seit Jahren und als bekennende Orientierungslose liebe ich sie abgöttisch.

Du fummelst zu viel mit dem Geld herum

In Deutschland ziehst Du völlig selbstbewusst den richtigen Geldschein aus dem Geldbeutel und steckst ebenso selbstverständlich Dein Wechselgeld ein. Die Geldscheine nicht zu kennen, outet Dich sofort als Touristin und verlockt Deinen Gegenüber geradezu dazu, das auszunutzen.

Setz Dich in Deiner Unterkunft in den ersten Tagen mal in Ruhe hin und schau Dir das Geld bewusst an. Sehen sich große und kleine Scheine zu ähnlich, steck sie in verschiedene Ecken des Portemonnaies (ich habe große Scheine sowieso nie im Hauptfach – das verlockt auch nur jemanden der es sieht, mich ein paar Meter weiter auszurauben) oder falte sie.

Du reagierst auf seltsame oder unerwünschte Blicke

Du fragst Dich, was Du sonst tun solltest, wenn Du seltsam angeschaut wirst?! Ganz einfach – ignorieren. Denn jemand, der neu in der Stadt oder im Land ist, der sieht verwirrt aus, wenn er angestarrt wird.
Als Profi im Alleinreisen bist Du das gewohnt und merkst es schon gar nicht mehr. Du bist schon ewig hier. Oder solltest zumindest so wirken.

Du siehst suchend aus oder schaust ständig auf Dein Handy

Gleiches Problem, selbst wenn Du die App nutzt: Du starrst auf Dein Handy. Bevor Du losgehst, schau Dir den Weg genau an und wie oft Du rechts oder links gehen musst. Hol das Handy nur heraus, wenn Du Dir unsicher bist oder Dich verlaufen hast – und nicht an jeder Straßenecke.

Noch etwas, worauf mich jemand netterweise in Vietnam aufmerksam gemacht hat: Wenn Du mit Deinem Handy Fotos schießt, sieh zu, dass Du nicht unbedingt direkt an der Straße stehst. Ein vorbeidüsender Motorroller-Fahrer schnappt Dir Dein Handy aus der Hand und Du siehst es nie wieder…

Du nutzt immer den klassischen Reiserucksack

Normalerweise ist das auch völlig in Ordnung. Aber wenn Du bloß zum Essen rausgehst, nimm stattdessen einen Stoffbeutel oder noch besser eine Tüte eines lokalen Geschäfts. So wirkst Du eher, als würdest Du dort wohnen, als nur zu Besuch zu sein.

Du trägst hohe Schuhe

Dieser Punkt gehört ganz klar in die „Ich mache mich zum Opfer“-Schublade. Jemand, der hohe Schuhe trägt, kann niemandem hinterher- oder vor jemandem wegrennen.

Trag bequeme Schuhe und in Ländern mit vielen Diebstählen oder Betrügereien möglichst auch keine Flip-Flops. Außer am Strand.

Die Kamera baumelt ständig um Deinen Hals...

Selbsterklärend, oder?
Eine Kamera bedeutet immer Touristenstatus – und wenn es eine teure Kamera ist, dann auch noch, dass Du eine reiche Touristin bist. Also lass sie entweder in Deiner Umhängetasche oder versteck sie unter einem Schal oder Pullover, den Du locker darüber gehängt hast. Dann kann man sie zwar immer noch vermuten, aber sie ist nicht mehr so offensichtlich.

...direkt neben dem Geldgürtel oder der Bauchtasche

Gleiches gilt für eine Bauchtasche oder einen Geldgürtel. Du magst das Gefühl haben, Dich so abzusichern, aber eigentlich schreist Du bloß „Ich bin Touristin, hier ist mein Geld versteckt“.
Nutz BH-Täschchen oder versteck den Geldgürtel unter

der Kleidung. Allerdings wird dann spätestens beim Bezahlen klar, dass Du nicht hier wohnst.

Wenn Du alleine reist, verrätst Du Dich seltener

Was tun Alleinreisende höchst selten (es sei denn, sie reisen schon verdammt lange allein…)? Mit sich selbst reden.
Das bedeutet zwangsläufig, dass Du Dich nur halb so oft outest, wie Deine in Gruppen reisenden Kollegen. Denn Deine Sprache – oder eher das Nichtvorhandensein der Landessprache – outet Dich am schnellsten als Touristin.
Allein deswegen schadet es nie, die gängigsten Floskeln und Erwiderungen in der Landessprache zu lernen.

Du passt Dich nicht an

Insgesamt können wir all das unter einem gemeinsamen Punkt zusammenfassen: Du verhältst Dich wie eine Fremde.

Lerne, Dich in der Kultur anzupassen (mehr dazu im nächsten Kapitel), Dich wie die Einheimischen zu kleiden und zu verhalten. Damit erreichst Du ganz schnell die beste Tarnung von allen!

Die Sucht nach der Garantie

„Leg den Stadtplan beiseite
und verlier Dich einfach in den Straßen."
- Unbekannt -

WARUM EINE LANGZEITREISE NICHT ALL DEINE PROBLEME LÖST

Uns Alleinreisenden wird oft nachgesagt, wir laufen davon. Du wirst das mit Sicherheit auch das eine oder andere Mal hören, wenn Du eine Langzeitreise planst – oder hast es sogar schon gehört.
Unser erster Instinkt ist, uns zu verteidigen. All die Gründe aufzuzählen, warum das nicht der Wahrheit entspricht.
Aber irgendwann, vielleicht erst wenn Du zurückkommst, wirst Du feststellen, dass die anderen ein Stück weit Recht hatten.

Die Sache ist bloß die: Du musst das weder ihnen noch dir heute schon eingestehen (vielleicht auch nie) – denn es ist nicht zwangsläufig etwas Schlechtes.
Wenn mich heute Menschen fragen, was sie in einem schwierigen Abschnitt ihres Lebens machen sollen, in einer Zeit, in der sie nicht wissen, was sie tun sollen oder welche Entscheidung die richtige ist, dann empfehle ich ihnen eine Reise.

Ich sage jedem, dass die beste Möglichkeit, einen freien Kopf und damit überhaupt erst die Möglichkeit zum klaren Denken zu bekommen, eine Reise ist.
Hier bist Du mit Dir und Deinen Gedanken allein. Niemand beeinflusst Dich, niemand redet auf Dich ein und vor allem übt niemand Druck auf Dich aus.
Du kannst endlich in Ruhe darüber nachdenken, welches Studium das richtige für Dich ist, ob Du Dich aus der unglücklichen Beziehung lösen sollst, in der Du steckst, wie Du über Deine letzte Beziehung hinwegkommst und ob Du Dein gesamtes Leben vielleicht noch einmal um 180 Grad drehen solltest.

Unser Kopf braucht Freiraum um denken zu können. Um Entscheidungen treffen zu können. Und drei Dinge helfen ungemein, um den Kopf frei zu bekommen: Abstand. Zeit. Alleine sein.

Das sind die positiven Seiten des Davonlaufens. Oder einer Langzeitreise, wie ich es viel lieber nenne.
Und das sind die Gründe, warum Davonlaufen nichts Schlechtes ist. Nur interpretieren die Menschen um uns herum es als etwas Schlechtes, weil es oft den Haken hat, dass sich das, vor dem Du davonläufst, nicht ändert. Es sei denn, Du änderst Dich. Du und Dein Verhalten.
Deshalb solltest Du Dir von Beginn Deiner Reise bewusst sein, dass sich die Welt weiterdreht ohne Dich – aber sich nicht viel verändern wird.

Dein Leben füllt sich gerade mit Erfahrungen, Erlebnissen, Erinnerungen und Glücksgefühlen, während sich zu Hause große Strukturen nur wenig ändern.

Dein Job, zu dem Du eventuell zurückkommst, wird sich nicht sehr verändern. Dein Freundeskreis wird sich vielleicht erweitern oder verkleinern, aber die Menschen darin werden sich nicht stark verändern.
Weil sich ohne großen Einfluss oder große Einschnitte einfach nicht viel ändert.

Wenn Du wie ich in Deinen Dreißigern bist, werden Freunde heiraten, Kinder bekommen und Häuser kaufen.
Und Du bekommst den Eindruck, es habe sich viel verändert, während Du weg warst. Tatsache ist aber vor allem, dass sich Dein Blickwinkel auf alles, was vorher Dein Alltag war, einschneidend ändern wird.

Du wirst vielleicht Deine alten Kleidungsstücke als sonderbar bekannt und fremd gleichzeitig empfinden, wirst

Dich irgendwie darin nicht mehr wohl fühlen und am Tag nach Deiner Rückkehr alles zur Altkleidersammlung bringen.
Du wirst Dich mit Freunden treffen und das gleiche Gefühl haben. Nur legt man Freunde nicht so leicht ab wie Kleidungsstücke.
Du wirst vielleicht das Gefühl haben, niemand sieht Dich wirklich. So wie Du bist. Wie Du da draußen geworden bist. Niemand sieht die Veränderungen, die Du durchgemacht hast, niemand sieht die neue Reife in Dir und dass Du innerlich gewachsen bist.
Du wirst Dich in Deinem eigenen Leben fremd fühlen.
Das alles mag Dich nun erschrecken und vielleicht sogar abschrecken, aber auch wenn es ein wenig gruselig klingt: All das ist gut so!

Du gehst auf Reisen, um etwas zu verändern. Sehr wahrscheinlich Dich selbst.

Sieh all das also als Teil des Geschenks des Reisens an. Aber mach Dir auch schon vor Deiner Rückkehr klar, dass Du etwas verändern musst, wenn Du zurück im Alltag bist. Du musst die Stärke und das Selbstbewusstsein, die Du auf Reisen gewonnen hast, zu etwas nutzen, das Dir auch in Deinem alten Leben eine Veränderung bringt. Nicht nur in Dir selbst.

Eine Langzeitreise lässt nicht all Deine Probleme verschwinden. Es lässt nicht alle Menschen verschwinden, denen Du entkommen wolltest. Sie gibt Dir lediglich eine Auszeit, in der Du darüber nachdenken und entscheiden kannst, wie Du in Zukunft mit den Menschen und Dingen in Deinem Leben umgehen möchtest.

Wie Du Dein Leben nach dem Reisen leben möchtest.

BUCKET-LIST ENTTÄUSCHUNGEN

Bei meiner ersten langen und großen Reise war Sydney meine allererste Station. Die Bilder und Fotos der Sydney Opera und der berühmten Harbour Bridge hatten mein Reisefieber monatelang angeheizt, und so konnte ich es am zweiten Tag nicht erwarten, endlich live diesen Anblick zu genießen.
Schon von Weitem blitzte die Oper um die Ecke und vor dem strahlend blauen Himmel, wie ich es in Australien gar nicht anders erwartet hatte, wirkte sie schon im Miniaturformat imposant. Dann stand ich endlich vor ihr, keine zehn Meter entfernt und starrte auf die weißen Seitenflügel.

Und ein seltsames Gefühl beschlich mich, das ich von allen Gefühlen als letztes erwartet hätte: Ich war maßlos enttäuscht.

Um die halbe Welt war ich für diesen Anblick geflogen und nun stand ich vor einem Gebäude, das zwar interessant aussah, aber irgendwie nicht so ganz dem ganzen Wirbel gerecht wurde, der darum gemacht wurde. Außerdem hätte ihm eine gründliche Wäsche mal gut getan, denn die Flügel waren ganz schön schmutzig.

Was war da passiert?

Ich hatte so große und hohe Erwartungen an diesen Ort gehabt, dass die Wirklichkeit einfach nur ernüchternd war. Das kann passieren und wird Dir mit Sicherheit auch mal so gehen.
Aber das ist kein Drama.

Es wird immer Orte geben, die Deinen hohen Erwartungen gerecht werden, und manche werden Deine kühnsten Träume noch übersteigen.

Sei Dir einfach bewusst, dass der Hype um einen Ort, eine Sehenswürdigkeit oder ein Land nicht zwangsläufig Deinem Geschmack entsprechen muss.
Vielleicht haben viele Menschen ein ganz besonderes Gefühl an einem Ort, eine spontane Verbindung dazu – und andere sehen einfach nur einen Steinhaufen und fragen sich, was die ganze Aufregung eigentlich soll. Lass Dich deswegen nicht davon abhalten, auch die klassischen Touristenspots aufzusuchen, denn bei den meisten hat es einen guten Grund, warum sie so angepriesen werden.

Geh nur nicht grundsätzlich davon aus, dass, nur weil Tausende andere diese Orte so anhimmeln, es auch Dir so gehen wird. Die Wahrscheinlichkeit ist hoch, aber es gibt eben keine Garantie.
So höre ich immer wieder, dass Angkor Wat maßlos überschätzt und von Touristen plattgetrampelt wird – aber in meiner Erinnerung wird es immer einer der schönsten und faszinierendsten Plätze der Welt bleiben. Trotz Touristenrummel und Hype.
Es geht auch ganz viel darum, wie Deine eigene Einstellung ausgerichtet ist. Wenn Du Dich darauf einstellst, dass an einem Ort viele Touristen, Verkäufer und Händler sein werden, dann wird es Dich weder negativ überraschen noch schocken.

Dann wirst Du Dir vielleicht vorab schon ein paar Tricks im Internet suchen, wie Du den Touristenströmen entgehen kannst (zum Beispiel sehr früh am Morgen zu einer beliebten Sehenswürdigkeit ankommen, während der Mittagszeit, wenn alle Touristen in die Restaurants verschwinden oder kurz vor der Schließung).
Lass Dich also nicht grundsätzlich abschrecken, versuch Deine Erwartungen nicht zu hoch und rosarot werden zu lassen und vor allem: Bilde Dir immer eine eigene Meinung! Dann wird es Dir selten so gehen wie mir in Sydney.

WENN DU IM AUSLAND OHNE GELD DASTEHST…

Wenn Du an all die Ängste denkst, die Dich vor Deiner Reise belagern und einschüchtern, gibt es eine, die wir alle teilen: dass Du im Ausland ohne Geld dastehst.

Auf einer meiner letzten Reisen stellte ich mit Erschrecken fest, dass das Limit meiner Kreditkarte fast ausgereizt war. Dummerweise merkte ich das erst, als der Geldautomat meine Kreditkarte wieder ausspuckte und ich ohne Geld dastand. Wortwörtlich, denn ich hatte fast all mein Bargeld bereits ausgegeben.

Ein absoluter Schusselfehler: Ich hatte vergessen, mein Kreditkonto wieder aufzufüllen, mein Kreditkartenlimit deutlich geschmälert (nachdem ich meine erste Kreditkarte auf Reisen verloren hatte, wurde ich überängstlich) und war nachlässig geworden, was den geheimen Geldpuffer im Rucksack anging.

Ich hatte nämlich keinen. Nachdem ich ihn noch nie gebraucht und die letzten Dollar dann in Thailand eingetauscht hatte, hatte ich einfach kein neues Polster angelegt.
Blöde Fehler, aber aus denen lernt man bekanntlich am meisten!

Online-Banking ist ja heutzutage kein Problem, also gab ich eine saftige Auffüllung meines Kreditkontos und gleichzeitig die Erhöhung meines Kreditkartenlimits in Auftrag. Eines von beidem würde schon greifen.
Tat es aber leider nicht. Dank deutscher Feiertage schien sich an Silvester keiner mehr darum zu kümmern, an Neujahr sowieso nicht und am 2. Januar schienen alle noch im Hangover zu hängen/ sein. Dazu kamen sieben Stunden

Zeitverschiebung und so saß ich am Freitag, dem 3. Januar, mit noch genau drei Euro in der Tasche in meinem Hostel und betete, dass das Geld am selben Tag noch ankommen würde. Denn ein Wochenende im Ausland ohne Geld würde abenteuerlich werden!

Da ich immer schon nach einem Plan B suche, falls Plan A nicht funktioniert, stöberte ich auf der Western Union-Website schon mal nach den Gebühren, um im Notfall jemanden zu bitten, mir Geld zu schicken. Dabei entdeckte ich etwas Grandioses: Per Western Union-Überweisung ins Ausland kannst Du Dir selbst Geld schicken! Bei mir war das Problem ja nicht, dass ich kein Geld mehr hatte, sondern nur, dass ich nicht dran kam!

In diesem Fall kannst Du online von Deinem Tagesgeld- oder EC-Konto eine Direktüberweisung tätigen und Dir dann selbst Bargeld schicken!

Dafür gehst Du einfach auf die Website, gibst das Land an, in das Du Geld schicken möchtest, die Geldmenge, die Du schicken möchtest, und meldest Dich dann auf der Website an, um Deine Bankdaten zu verifizieren.
Anschließend bekommst Du einen Zahlencode, den Du bei jeder Western Union-Filiale der Welt gegen Dein Geld eintauschen kannst. Laut Internet sogar schon nach wenigen Minuten!

Dies ist auch ein sicherer Weg, um an Geld zu kommen, sollte Deine (einzige) Kreditkarte auf Reisen verlorengehen, gesperrt oder geklaut werden. Ohne großen Aufwand, allerdings mit 14,5% Gebühren. Im Notfall ist man allerdings gerne bereit, die zu bezahlen.

In meinem Fall ging alles gut aus, aber das ist eine wertvolle Info, die einen im Worst Case schon mal beruhigen kann…

WENN DU UNTERWEGS KEINE UNTERKUNFT FINDEST

Ich trete lächelnd an den Tresen der Rezeption. Der Typ schaut auf.

"Hi. Do you have a reservation?"

Natürlich habe ich. Ich bin gerade in Seattle angekommen und habe bereits vor einem Monat mein Bett hier reserviert. Ähnlich wie in Vancouver ist hier gerade Hauptsaison und vier Wochen vorher war schon mutig. Besser wären acht gewesen.
Der Typ an der Rezeption zieht die Stirn in Falten und wie jedes Mal, wenn jemand meine Reservierung nicht findet, werde ich nervös. Aber das löst sich immer gleich auf. Genau wie die Stirnfalten.

"Hm, I can't find you. Can you show me your confirmation number?"

Klar kann ich. Hab ja meinen Laptop direkt greifbar und da ist sie abgespeichert. Muss ja.
Fünf Minuten später bilden sich auch auf meiner Stirn Falten und mein Herzschlag verdoppelt sich.
Keine Reservierung. Keine Bestätigung. Nix.
Schei*******!!!!

Ich verziehe mich mit den Internet-Zugangsdaten des Hostels in den Aufenthaltsraum, um in Ruhe die Lage zu checken. Nein, keine Abbuchung auf dem Konto. Da ist definitiv nichts gebucht.

Naja, wird schon nicht so schlimm sein, Seattle ist ja groß.
Weitere fünf Minuten später stoße ich Flüche aus, von

denen ich nicht einmal wusste, dass ich sie kenne.

Ja, Seattle ist definitiv ausgebucht. Sämtliche Buchungsseiten verkünden mir freundlich, dass sie leider, leider keine Ergebnisse für meinen ausgewählten Zeitraum finden konnten. Ein Hotelzimmer gäbe es. In 15km Entfernung und für 400 Dollar die Nacht. Da wäre es fast günstiger, nach Hause zu fliegen.
In spontaner Aktionswut überlege ich, wieder zurück nach Vancouver zu fahren. Aber auch dort ist alles ausgebucht und Busplätze gibt es leider auch keine mehr.
Ähm ja.

Ich hoffe, Du wirst niemals in diese Lage geraten, aber nur für den Fall, dass doch, habe ich einmal alle Auswege aus solch einer Situation gesammelt.
Dank unglaublich fantastischen Facebook-Community, die immer einen Rat für mich bereithält, stellte ich dann sogar fest, es gibt mehrere Unglücksraben, denen es schon einmal so gegangen ist.
Gut. Ich bin also nicht alleine ein kleiner Schussel.
Damit Du im Fall der Fälle nicht ganz so panisch wirst wie ich (Der Schokoladenverbrauch an diesem Tag sprengte die sowieso schon hohe Norm!), ist hier eine Liste mit Rettungsankern:

- Couchsurfing – die meisten stellen in der Not auch ein Bett am gleichen Tag zur Verfügung
- Am Flughafen schlafen – geniale Tipps dafür gibt es hier:
  www.sleepinginairports.com
- Schlaflos in Seattle schauen und nach Inspiration suchen (– der Humor stirbt zuletzt).
- Zum Tourist Office gehen – die können auch private Unterkünfte vermitteln.

- Alle Hotelbuchungsseiten abklappern, von denen Du jemals gehört hast.
- Alle Menschen auf AirBnB um ein Bett anbetteln.
- Auf Facebook seine Freunde (oder Fans) fragen, ob jemand jemanden kennt, der jemanden kennt, der eine Couch dort anzubieten hat.
- In den Hotels fragen, ob die Massageliege noch frei ist (kein Scherz!).
- Kirche oder Polizei um Rat fragen. Gibt es überall.
- Am Bus- oder Zugbahnhof übernachten. Allerdings nur, wenn es dort sicher ist!

Was mich letztendlich gerettet hat?
Mein Wimpernaufschlag.

Naja, zumindest rede ich mir das ein. Wahrscheinlicher ist, dass es mein panischer, verzweifelter Blick war, der in Verbindung damit auftauchte.
Eines von beiden hat den zunächst grimmig wirkenden Typ an der Rezeption auf jeden Fall erweicht: Nachdem er eine halbe Stunde lang Betten und Reservierungen verschoben hatte, konnte er mir tatsächlich ein Bett anbieten. Der Typ hatte Glück, dass ich ihn nicht vor Erleichterung abgeknutscht hab.

Noch einmal möchte ich mich nicht darauf verlassen, aber es hat wieder einmal gezeigt: Wenn gar nichts mehr geht, dann springt doch immer mal wieder das Glück ein!

REISEMÜDE AUF DER LANGZEITREISE – ALTERNATIVEN ZUM RÜCKFLUG

Nach den ersten sechs Monaten in Australien lag ich irgendwann auf einer Couch im Hostel und starrte die Decke an.
Ich fühlte mich schlapp, müde und ausgelaugt und von draußen lachte mich die ewige Sonne an. Das schlechte Gewissen krabbelte mir in den Nacken: Ich sollte eigentlich da draußen sein, mir die Stadt anschauen und etwas erleben. Schließlich war ich dafür hier.

Aber beim Langzeitreisen gibt es eine Lektion, die wir alle früher oder später lernen: Reisen ist anstrengend.

Vor allem, wenn Du so reist, wie Du es bei einem zweiwöchigen Jahresurlaub tun würdest. Du versuchst, Deine Zeit so effektiv zu nutzen wie möglich und so viele Erlebnisse in den Tag zu pressen, wie irgendwie geht.
Das hält aber kein Mensch über mehrere Monate aus und egal, mit wem ich mich unterhalte: Jeder berichtet davon, irgendwann nur noch im Bett zu liegen und sich ausruhen zu wollen.

Wenn Du also an den Punkt kommst, an dem das Reisen keinen Spaß mehr macht, und Du Dir Gedanken über den Rückflug machst, dann frag Dich stattdessen, ob Du nicht lieber ein paar neue Gewohnheiten ausprobieren solltest…

Bleib an einem Ort

Wenn Du die Möglichkeit hast, versuch mal, an einem Ort zu „wohnen“ statt nur durch ihn durchzureisen. Such Dir ein WG-Zimmer oder sogar ein kleines Appartement und

mach mal ganz normale Dinge wie Couchabende und Kochen in einer ausgestatteten Küche.
Gib Dir mal wieder das Gefühl des „Ankommens" statt des stetigen Gefühls des Aufbrechens. Das alleine lässt auch endlich mal wieder das Reisefieber und Vorfreude auf neue Ziele aufkommen.

Such Dir einen Ort, an dem Du Dich gut verständigen kannst

Es ist nach einer Weile sehr nervenzehrend, wenn Dich jeder zweite nur halb oder sogar gar nicht versteht. Als ich letztes Jahr in Vietnam war, hat es mich total ausgelaugt, immer nur mit Händen und Füßen kommunizieren zu können und das tiefsinnigste Gespräch die Zubereitungsart meiner Frühstückseier war.

Entspann Dich!

Lass die ganze Action mal ruhen und tu etwas für Deinen Körper. Wenn Du in Südostasien unterwegs bist, lass Dich massieren, investier das Geld und geh einen Tag in ein Spa oder auch einfach nur mal ins Kino.

Schnapp Dir im Second Hand Laden mal ein Buch und verbring einen Tag auf der Hostel-Couch. Oder sogar eine Woche lang nur mit Serien schauen. Das mag absurd klingen und Dir im ersten Moment nur ein schlechtes Gewissen machen, dass Du die wertvolle Zeit auf Reisen verschwendest. Aber der Langzeiteffekt wird sein, dass Du wieder Lust und Energie hast überhaupt weiterzureisen.
Was ist also mehr verschwendet? Eine Woche, in der Du ausruhst, oder ein Monat, in dem Du dauermüde bist und Dich zwingen musst weiterzureisen?

Finde ein Lieblingscafé oder ein Lieblingsrestaurant

Oft vermissen wir einfach gewohnte Umgebungen und gewohnte Gesichter. Geh häufiger mal in dasselbe Café oder dasselbe Restaurant, bis Du die Gesichter dort alle kennst und sie Dich wiedererkennen.
Ich lande oft in Chiang Mai, wenn ich des Reisens müde werde. Ich liebe diese Stadt und kenne mittlerweile meine Lieblingsecken. In meinem Lieblingsrestaurant AUM habe ich schon ganze Tage mit Essen, Arbeiten und Entspannen verbracht.
Dort kennt man mich mittlerweile sogar so gut, dass in meinem Obstsalat schon automatisch die Früchte ausgelassen werden, die ich anfangs immer übriggelassen habe. Dort fühle ich mich ein Stück Zuhause, gut aufgehoben und nicht fremd.

Schon überlegt, Dir eine Beschäftigung zu suchen?

Wie wäre es mit freiwilliger Arbeit, Wwoofing (Worldwide working on organic farms) oder sogar einem Job, der die Reisekasse füllt?
Such Dir eine Aufgabe, etwas, wobei Du nicht von einem Tag zum anderen weiterziehen musst, aber trotzdem siehst, dass Du etwas getan hast. Gerade Wwoofing ist oft auch etwas, das Dir bei Reisemüdigkeit gut hilft, denn dabei bist Du in der Natur, musst nicht den ganzen Tag arbeiten und hast auch genug Zeit für Dich. Und es gibt spannende Wwoofing-Stellen auf der ganzen Welt…

Such Dir heimatliche Leckereien

Es mag lächerlich wirken, aber nach ein paar Monaten fremdartigen Essens bekommst Du plötzlich Gelüste nach heimatlich Essen. Ich hatte Heißhungerattacken nach Nutella, Vollkornbrot und Käse in allen Varianten.

Dadurch, dass besonders Käse in Australien, Kanada und den USA so teuer ist, gönne ich mir nur selten diesen Genuss, wenn ich dort unterwegs bin, und in Südostasien ist er noch dazu einfach schwer zu finden.
Aber such Dir irgendwo den größtmöglichen Supermarkt (irgendwo gibt es ihn immer) und nimm mal ein bisschen Geld in die Hand, um diese Gelüste zu stillen.
Nicht nur Liebe geht durch den Magen. Auch Dein Wohlbefinden im Ausland profitiert davon…

Letztendlich kannst Du Dir als Fazit einfach merken: Versuch, die Heimat ins Ausland zu holen. Entspann Dich und gönn Dir etwas. Du wirst vielleicht denken, dass das Reisen an sich schon genug Belohnung sein sollte, aber verwechsle nicht Deinen Verstand mit Deinem Körper. Für ihn ist das alles einfach nur anstrengend, egal, wie viele Glücksmomente Du bereits gesammelt hast, und er braucht manchmal einfach Regenerationszeit. Dann sagt er Dir, dass die Grenze gekommen ist, indem Du Dich schlapp, müde und ausgepowert fühlst.
Spätestens, wenn Du krank wirst, ist es Zeit, einen Gang runterzuschalten!

Die Angst vor dem Ungewissen

„„„Kein Herz musste jemals daran leiden, dass es auf die Suche nach seinen Träumen ging.“
- Paulo Coelho -

WOHIN KANNST DU ALS ALLEINREISENDE SICHER REISEN?

Zu Beginn meiner Reisen und auch noch nach meiner ersten Langzeitreise habe ich mich immer wieder genau das gefragt.
Dabei war „sicher" für mich auch oft ein Synonym für unbeschwert und angenehm. Ich bin der Meinung, dass es in den meisten gängigen Reiseländern sicher ist zu reisen, aber ist es deshalb auch angenehm für eine Frau alleine?

Ich habe schon viel darüber geschrieben, wie es als Frau auf Reisen sein kann. Etwas, das viele männliche Reisende nicht nachvollziehen können. Die Blicke, die anzüglichen Bemerkungen, die Musterungen… all dass macht es für eine Frau nicht unsicherer, aber eben unangenehmer.
Deshalb habe ich hier drei Reiseziele ausgewählt, die meiner Meinung nach ideal für allein reisende Frauen (und vor allem Anfängerinnen) sind:

Platz 3: Europäische Länder wie Irland, Großbritannien, Frankreich, Spanien, Italien und natürlich Deutschland!

Wenn Du noch ganz am Beginn Deiner Reisekarriere stehst, ist es vielleicht gar nicht so verkehrt, in der näheren Umgebung zu starten. Es mag vielleicht nicht so exotisch sein, Europa zu bereisen, aber in jedem Fall genauso sicher wie zu Hause und mit deutlich weniger Kulturschockgefahr.
Das Alleinreisen als Frau verlangt Dir anfangs einiges ab. Je schüchterner und unsicherer Du bist, desto mehr. Du musst lernen, mit Dir alleine klar zu kommen, Dein Selbstbewusstsein auszubauen und auf Menschen zuzugehen.
Du musst Deine Planung selbst übernehmen, grübelst über Deine Wertsachen, darüber, welche Kreditkarte Du nutzen solltest, und wie sicher das Reisen alleine eigentlich ist.

Glaub mir, damit bist Du fürs Erste gut beschäftigt!

Damit Dich nicht auch noch all die neuen Eindrücke überschwemmen, lohnt es sich, ein Land auszuwählen, in dem Du zumindest die Kultur größtenteils verstehst und kennst. Die Sprache allein wird schon Abenteuer genug sein. Eine gute Ecke um auszutesten, ob Du für das Alleinreisen als Frau geschaffen bist (und ja, das bist Du!) und um mal langsam die Fühler auszustrecken…

Platz 2: Südostasiatische Länder wie Thailand und Bali in Indonesien

In Südostasien gibt es alle Varianten des exotischen Reisens und sämtliche Stufen vom Anfängerstatus über den Fortgeschrittenen- bis zum Expertenstatus. Ecken wie Thailand und Bali machen es einer Asien-Anfängerin und allein reisenden Frau leicht: Tourismus gehört hier zum Alltag, die Menschen sind auf Touristen und Reisende eingestellt und es gibt massenweise Alleinreisende mit denen Du Dich zusammen schließen und gemeinsam weiterreisen kannst.

Als ich das erste Mal nach Bali gereist bin, hat mir ein Freund zuvor gesagt, Bali sei nicht wirklich Asien, es wäre eher „der verlängerte Arm von Australien".
Er hat damit nicht den Schwarm an australischen Touristen gemeint, obwohl das absolut zutrifft. Er meinte, dass Bali fast schon westlich ausgelegt ist. Das und die Tatsache, dass Bali die einzige hinduistische Insel in ganz Indonesien ist, macht es für allein reisende Frauen besonders anziehend. Hier kannst Du bedenkenlos Trägershirts und Röcke tragen, ohne Dir Gedanken machen zu müssen, und in Kuta in die Disco zu gehen, ist sogar alleine bedenkenlos möglich. Zumal Du sowieso zu 80% von anderen Reisenden umgeben sein wirst.

Ähnlich ist es in Thailand, dem touristischsten Land Südostasiens. Hier ist, abgesehen von Tempeln und heiligen Stätten, Dein Outfit kein besonders großes Thema und die Thais sind im Umgang mit allein reisenden Frauen auch sehr weltoffen.

Platz 1: Australien

In meinen Augen und aus meiner Erfahrung gibt es kein idealeres Reiseziel für eine allein reisende Frau! Australien war mein erstes Reiseziel für eine Langzeitreise und ich hätte es nicht besser treffen können - aus so vielen Gründen. Natürlich absolut westlich, ohne prägnante Religionskultur und so modern eingestellt (mal von der Aborigine-Problematik abgesehen) wie jedes europäische Land, kannst Du Dich nirgendwo schneller einleben.
Dabei hilft es wahrscheinlich sehr, dass jährlich über zwei Millionen Deutsche nach Australien reisen: Eine allein reisende Frau bleibt hier nicht lange alleine! Aber was es am attraktivsten für mich gemacht hat, war die unglaubliche Natur, die so herrlich einfach zu bereisen ist! Es gibt Buspässe, Zugpässe, billige Inlandflüge, Mitfahrgelegenheiten, billige Camper-Vans und Hostels an jeder Ecke.

Ich bin schüchtern und zitternd losgereist, also lass Dir von mir sagen: Nirgendwo sonst wirst Du beides schneller los als Du „Australien“ sagen kannst!
Die Reiseplanung und -durchführung werden Dir hier fast abgenommen, so viele Möglichkeiten gibt es. Du musst Dich nur noch entscheiden, welche Ecken Du zuerst erobern willst!

Es gibt noch weitaus mehr Länder, auf die die Kriterien, die ich anfangs beschrieben habe, zutreffen, aber ich habe mich hier auf die bezogen, von denen ich aus eigener Erfahrung sprechen kann und die ich definitiv empfehle.

ALLEINE IM RESTAURANT

Bereits im ersten Buch habe ich das Thema angesprochen: Wie selbstständig sind wir eigentlich, die neue Generation der ach-so-selbstständigen Frauen?
Wir sind Power-Frauen! Wir lassen uns nichts mehr sagen und bestimmen, wo es langgeht. Dachte ich.
Aber dann fiel mir Folgendes auf Wenn ich davon rede, wie ich alleine im Restaurant sitze, ins Kino und zum Shopping gehe, dann ist die Dunkelziffer derer, die plötzlich stumm und rot werden, weil sie noch keines davon alleine getan haben und es vor allem niemals in Erwägung ziehen würden, weitaus größer als die Zahl der Frauen, die hier jetzt „Laaaangweilig!" schreien.

Das werden wir nun ändern! Meine Liebe, ich biete Dir nun, hier und jetzt, ein Projekt der Selbstentwicklung an. Und ich will, dass Du mitmachst! Keine Ausreden!
Die nächsten Abschnitte werden vollgestopft sein mit Tipps und Tricks, wie Du ein paar entscheidende „Erste Male" schmerzfrei hinter Dich bringst. Warum? Weil dies die ersten Schritte sind, die Du auf dem Weg zu Deiner ersten Solo-Reise gemacht haben musst.
Dann läuft's nämlich auf Reisen gleich viel entspannter!

Fangen wir also mit dem ersten Schritt in Richtung Unabhängigkeit an: Alleine im Restaurant!

Bei meiner ersten großen Reise habe ich mich davor noch erfolgreich drücken können. In Australien sind die Restaurants so teuer, dass ich mir einredete, es sei eine Verschwendung, alleine im Restaurant zu sitzen, also tat ich das nur in Gesellschaft.
In Südostasien kam ich allerdings dann schon in die Klemme. Hier ist das Essen so günstig, dass ich nichts anderes mehr gemacht habe als dafür auszugehen. Und

damit wendete sich das Blatt langsam. Nach und nach gewöhnte ich mich daran und übernahm die Gewohnheit, alleine im Restaurant zu essen, auch außerhalb von meinen Reisen. In Deutschland war ich mir dessen anfangs noch bewusster. Einfach weil es dort – außer zum Mittagessen, denn dann könntest Du ja auch gerade Mittagspause haben – noch unüblich ist, als Frau alleine im Restaurant zu sitzen. Daher habe ich ein paar Kniffe entwickelt, die ersten Momente zu überbrücken, bis es dann gar nicht mehr seltsam war.

Nimm Dir ein Buch mit!

Der Klassiker! Und vermutlich das Erste, was jedem von uns einfallen würde. Ein E-Book-Reader, das Handy oder iPad sind natürlich genauso gleichwertige Gefährten.
Lad Dir ein gutes Buch vorab darauf und lass Dich so fesseln, dass Du gar nicht mehr merkst, dass Du alleine dort sitzt und auf Dein Essen wartest. Danach bist Du dann sowieso mit Schlemmen und Genießen beschäftigt.

Iss an einer Bar oder am Fenster!

In Restaurants in Vancouver gibt es oft auch Fensterplätze mit Barhockern. Ähnlich wie bei Starbucks zum Beispiel. Aber auch wenn es kleine Zweiertische am Fenster gibt, sind sie ideal, um die Menschen draußen zu beobachten und nicht ständig das paranoide Gefühl zu haben, angestarrt zu werden, weil Du alleine dort sitzt. Denn ja, in den meisten Fällen bilden wir uns die Blicke einfach nur ein…

In Restaurants wie Sushi-Circles, American Diners oder Irish Pubs gibt es oft tatsächlich eine Bar, an der Du auch essen kannst. Dann kannst Du mit dem Barkeeper einen Anstarr-Wettbewerb beginnen, ihm auf die Finger schauen, oder vom Koch sogar noch etwas abschauen, während er Dir Dein Essen zubereitet. Entertainment pur!

Werde zur Einheimischen!

Wenn Du eine Weile an einem Ort bleibst, dann such Dir ein nettes, leckeres Restaurant aus und komm häufig dahin zurück. Frag die Kellner und Angestellten nach Tipps zum Essen, dem Sightseeing und betreib ein bisschen Small Talk. Nach wenigen Tagen wirst Du merken, wie Du schon beim Hereinkommen begrüßt wirst und jeder ein bisschen mit Dir quatscht. Und schon fühlst Du Dich kaum noch einsam, sondern viel mehr zugehörig. Mache ich auch sehr oft so!

Falls all das nicht Deinen Geschmack trifft, gibt es natürlich auch Tipps, um alleine im Restaurant zu essen, aber nicht alleine zu bleiben…

Frag nach Gesellschaft!

Wenn Du ein Restaurant betrittst (und besonders wenn dort die Tische zugewiesen werden), frag, ob jemand vielleicht bereits alleine isst und Gesellschaft möchte. Im besten Fall wirst Du so mit jemandem an einen Tisch „verkuppelt“ und hast dazu noch Anschluss in einer neuen Stadt. Das kann im ersten Moment schon ein wenig Überwindung kosten – aber das ist ja kein Grund, es nicht zu tun!

Nimm KEIN Buch mit!

Ein Buch suggeriert immer ein wenig, dass Du für Dich sein möchtest. Also halte Deinen Blick offen, ein Lächeln auf den Lippen und ermutige andere so dazu, sich Dir anzuschließen. Ich wurde auch schon von einer Gruppe

Frauen eingeladen, mich doch zu ihnen zu setzen.
Oft geschieht das gar nicht mal aus Mitleid heraus, wie wir gerne denken, sondern einfach vielleicht, weil sie genau wissen, dass der Einstieg so herum deutlich einfacher ist, und weil sie neugierig sind auf die Person, die da ganz zufrieden alleine im Restaurant sitzt und isst. Jeder möchte doch gern die Geschichten anderer Reisenden hören und die einer allein reisenden Frau ist per se schon ein wenig spannender…

Setz Dich an großen Tischen dazu!

In Vancouver kam ich in ein nettes Café und setzte mich mit an einen großen Tisch, an dem noch zwei weitere Solo-Essende saßen. Eine unverfängliche Frage später und schon waren wir im Gespräch.
Du kannst ja ohne Probleme ein offenes Restaurant auswählen, in dem es große und kleine Tische gibt, und vorab schon mal scannen, ob darin vielleicht weitere Solo-Reisende sitzen. Alternativ bist Du vielleicht die erste und jemand anderes gesellt sich zu Dir. Wer weiß?

Mittlerweile gehe ich gerne alleine im Restaurant essen. An meinem ersten Tag in Downtown Vancouver saß ich morgens an einem Regentag an einem Fensterplatz im Restaurant und gönnte mir ein leckeres, ausgiebiges Frühstück.
Und beschloss, über dieses Thema ausführlicher zu schreiben. Wieso? Weil ich denke, es ist Teil eines ganz wichtigen Prozesses, so selbstzufrieden und unabhängig zu sein, dass Du als Frau alleine irgendwo sitzen kannst und einfach genießt.

Du musst ja nun nicht jede Mahlzeit alleine verbringen, aber hin und wieder und vor allem, in Fällen dort, wo es keine Alternative gibt, solltest Du keine Scheu haben müssen.

ABENDGESTALTUNG FÜR ALLEINREISENDE

Vor der ersten großen Solo-Reise habe ich mich vor allem eines gefragt: Auch wenn ich die Tage wunderbar mit Sightseeing füllen kann, was mache ich abends alleine? Kann ich alleine ausgehen? Bin ich sicher alleine auf den Straßen? Und welche Alternativen habe ich (außer vor Heimweh in meine Kissen zu weinen), wenn es nicht sicher ist?

Meine Sorgen waren ganz unbegründet.

Ich habe genügend Beschäftigungen gefunden, wie Du auf Reisen Deine Abende sicher gestalten kannst und sie hier zusammengetragen – alle basierend auf meinen eigenen Gewohnheiten und Erfahrungen!

Wenn Du Dich noch nicht sicher genug fühlst, um alleine auszugehen…

Lies ein gutes Buch!

Auch wenn in westlichen Ländern Bücher oft teuer sind, gibt es in fast jedem Hostel ein Buchregal, in dem Du Dir ein Buch ausleihen oder sogar mitnehmen kannst. Oder schaff Dir vorab einen E-Reader an. Such Dir nicht unbedingt eine Schnulze oder einen Thriller aus. Beides kann alleine mehr Schaden anrichten, als Dir Gutes tun.

Erschaff Dir Dein eigenes Entertainment-Programm

Wenn Du einen Laptop oder ein Tablett hast, bestücke beides zuvor mit Deinen Lieblingsserien und Filmen. Besorg Dir Popcorn im Supermarkt und mach es Dir in Deiner Unterkunft auf einer Couch oder im Bett gemütlich.

Koch Dir ein 1A Dinner for One.

Manchmal solltest Du Dich verwöhnen, mal etwas Neues ausprobieren oder einfach mal wieder gesund essen. Kauf also im Supermarkt kräftig ein und koch ausgiebig. Du weißt nicht, was und wie? Mach ein neues Hobby daraus und lern kochen. Rezepte gibt es überall im Internet. Und wer weiß, vielleicht findest Du in der Hostelküche sogar Anschluss.

Sei dreist. Mutig. Offen.

Frag die anderen in Deinem Zimmer, was sie am Abend vorhaben und ob Du Dich ihnen anschließen kannst. Die Wahrscheinlichkeit ist sehr hoch, dass es noch jemand anderem so geht wie Dir oder dass Du einfach in eine neue Gruppe aufgenommen wirst. Eine Minute die Schüchternheit überwunden und im besten Fall einen ganzen Abend gerettet.
Wenn Du die ersten Schritte alleine gemacht hast, bekommst Du dann vielleicht auch tatsächlich Lust darauf, es mal komplett solo zu versuchen. Eine der ersten Abendgestaltungen, die ich alleine unternommen habe:

Kino!

Ich kann nicht lange ohne Kino, also war klar, dass ich mich überwinden musste, auch den Heimweg im Dunkeln alleine in Angriff zu nehmen.
Die Scheu habe ich aber schnell abgelegt, weil ich mir angewöhnt habe, das in den Fällen zu machen, in denen sowieso ein Kino in der Nähe meiner Unterkunft liegt und der Heimweg entlang großer, belebter Hauptstraßen führt.

Warum Kino der perfekte Start ist? Weil Du Dich dort sowieso mit niemandem unterhältst und vor dem Filmstart super mit der Kinozeitschrift und dem Eindecken mit Popcorn beschäftigen kannst (ja, ich bin Popcorn-süchtig…).

Mach bei einer Nacht-Tour mit!

Viele Städte bieten Underground oder Night Tours an. Dabei lernst Du die Stadt noch einmal von einem ganz anderen Winkel kennen und mit viel Glück sogar andere Reisende. Wie gesagt: Wir sind überall!

Der nächste Schritt: Das Restaurant.

Im letzten Abschnitt habe ich dieses Thema intensiv durchgekaut und versucht, Dir alle Tipps zu geben, die mir dabei helfen und Sicherheit geben. Seitdem ich einmal meine Hemmschwelle überwunden hatte, sind Restaurants meine besten Freunde. Sie haben leckeres Essen, das ich selbst nicht annähernd so gut hinbekommen würde, ich muss nicht kochen, nicht einkaufen und bin umgeben von Menschen.

Das Klischee, dass man in einer Menge von Menschen einsamer sein kann als in einem Zimmer ganz allein, ist nur bedingt wahr. Meiner Meinung nach ist das nämlich eine Einstellung, die in Deinem Kopf entsteht. Wenn Du es ablegst, Dich ständig zu fragen, was alle anderen von Dir denken, wirst Du merken, dass es ziemlich entspannend sein kann, den Buzz um Dich herum gegen Deine Einsamkeit zu verwenden.

Ich habe letzten Juli in meinem Lieblingsrestaurant in Vancouver gesessen (dem Acme Café) und hatte am Nebentisch eine schwangere Lady, die ihr Abendessen ganz offensichtlich auch alleine sehr genossen hat. Sie saß wie ich an einem Fensterplatz und belohnte sich zum Nachtisch mit einem

traumhaften Milkshake, der ganz klassisch mit Sahne und einer Kirsche gekrönt war.
Dieses Bild hat mich so sehr zum Lächeln gebracht, dass ich Euch am liebsten ein Foto von ihr gemacht hätte. Aber sie sah so zufrieden mit sich selbst aus, dass ich sie nicht stören wollte.
Das ist der Zustand, den Du erreichen kannst. Aber sei nicht zu streng mit dir: Das klappt nicht ab dem ersten Mal. Auch nicht ab dem zweiten, dritten und vierten.

Was ist nun also mit Ideen für Fortgeschrittene?!

Besuch einen Night Market

In vielen Großstädten ist das ein Event, das Du nicht verpassen solltest! Dort gibt es das leckerste Essen, die witzigsten Stände und vor allem Chinatown bei Nacht hat etwas ganz Besonderes. Schau also mal in Deinem Reiseführer nach, frag an der Rezeption oder Google. Ein absolutes Highlight.

Geh auf ein Meet-Up

Ob Couchsurfing, Facebook-Gruppen oder Meetup.com, es gibt überall regelmäßige Treffen in den Großstädten und oft auch in etwas ruhigeren Gegenden. Schau auch nach Conversational Meetings. Hierbei kannst Du ganz nebenbei sogar Deine Sprachkenntnisse aufpolieren.

Geh in eine Bar

Ja, auch alleine! Im vorherigen Abschnitt stand genau, was Du beachten solltest. Nun zieh einfach los, setz Dich zum Barkeeper an den Tresen und lass Dir einen fancy Drink mixen. Vorzugsweise alkoholfrei, wenn Du alleine bist.
Zum Abschluss ein paar Regeln und Tipps, die Du alleine

beachten solltest, wenn Du freiwillig oder gezwungenermaßen nachts alleine unterwegs bist.

Frag jemanden, ob es sicher dort ist, wo Du hingehen möchtest.

Meine erste Adresse ist dabei immer die Rezeption meiner Unterkunft. Sie kennen sich in der Stadt aus und wissen wo die Ecken sind, in die Du nicht unbedingt gehen solltest.

Überleg Dir vorher schon, wie Du zurückkommst.

Wenn Du eine Map-App hast, schau Dir den Weg an und überleg Dir, wo die Hauptstraßen sind und wie Du sie am besten nutzen kannst. Wenn Du mit dem Taxi zurückfahren möchtest, speichere Dir vorab die Nummer ins Handy oder schreib sie Dir auf, sodass jemand für Dich dort anrufen kann. Frag vorher nach sicheren und verlässlichen Taxi-Anbietern! Vor allem in Südostasien gibt es viele Abzocker. Wenn Du mit dem Bus oder der Bahn zurückfahren willst, google vorab, wie lange die jeweilige Linie nachts fährt. Nicht überall und nicht an jedem Tag gibt es spät abends noch Fahrten.

Hinterlass in Deinem Zimmer eine kurze Nachricht, wo Du bist und wann Du zurück zu sein willst.

Du musst das natürlich nicht tun, aber es verleiht einen Hauch Sicherheit, wenn im schlimmsten Fall jemand nach Dir suchen kann. Nimm auch eine Visitenkarte Deiner Unterkunft mit. You never know!

Nimm so wenig mit wie möglich.

Keinen Rucksack und wenn möglich auch keine Handtasche. Sonst machst Du Dich für Diebe nur verlockender.

ALLEINE REISEN - ABER NICHT EINSAM!

Uns wird von kleinauf gesagt, dass wir nicht mit Fremden reden sollen. Diese Lektion brennt sich in unser Hirn und lässt uns vor Fremden teilweise zurückschrecken.

Wir würden uns in Deutschland im Restaurant nicht einfach zu Fremden setzen. Selbst im Starbucks kostet es Überwindung, den einen freien Platz am Tisch einer zweiten Person zu erfragen.

Aber selbst wenn wir uns dazu setzen, sind wir bemüht, nicht zu stören, vermeiden Augenkontakt und stöpseln uns vielleicht sogar die Kopfhörer in die Ohren, um uns definitiv abzugrenzen und bloß nicht in ein Gespräch verwickelt zu werden.

Manchmal würden wir uns vielleicht sogar gerne unterhalten, aber die Gefahr, dass diese andere Person in Ruhe gelassen werden und keine Gespräche aufgezwungen bekommen möchte, ist zu groß, als dass wir uns zur Kontaktaufnahme überwinden können.

In Deutschland fällst Du schnell unangenehm auf, wenn Du Dich zu jemandem dazusetzt und einfach drauflosquatschst.

Aber auf Reisen musst Du Dir genau das antrainieren.

Die Hemmungen sind anfangs groß, denn die gleichen Regeln, die uns die Gesellschaft eingetrimmt hat, spuken auch auf Reisen in Deinem Kopf herum:
Was, wenn sie oder er sich gar nicht unterhalten möchte?
Was, wenn ich nerve?

Der entscheidende Punkt auf Reisen ist aber der: Hier sind die Karten ganz anders verteilt. 80% der Reisenden sind alleine unterwegs. Es sei denn, Du bist gerade an einem absoluten Honeymooner-Ort, dann hast Du wahrscheinlich schlechte Chancen.
Aber in der Regel bist Du umgeben von Menschen, denen es ganz genauso geht wie Dir. Sie suchen Anschluss, sind interessiert an neuen Bekanntschaften und fragen sich, welche Geschichten die nächste Reisende wohl zu erzählen hat.

Auf Reisen werden wir alle zu Geschichtenerzählern und wir lieben es. Wer erzählt nicht gerne davon, wo er oder sie gerade herkommt, welche Erlebnisse und Abenteuer, Pannen und Glückfälle schon alle in der Erfahrungs-schatzkiste liegen und wer hört diese Erlebnisse nicht gern?

Genau dieser Aspekt ist Dein Aufhänger.

Geh auf jemanden zu, der auch alleine da sitzt, alleine isst oder alleine in der Gemeinschaftsküche kocht.

Du musst Dir ja nicht unbedingt die schwierigen Fälle herauspicken, die, die hinter einem Buch oder dem Laptop verschwunden sind und vielleicht (aber nicht einmal das ist sicher) wirklich ihre Ruhe haben wollen.

Geh zu denen, bei denen Du einen guten Aufhänger findest: Der letzte freie Platz im Raum. Die „Kannst Du mir sagen, wo ich das Salz finde?"-Küchen-Chance oder die „Entschuldige, weißt Du, wo hier die Waschmaschinen/ Duschen/ Schließfächer/ Steckdosen"-Hostel-Chancen. Setz Dich mit Deinem Stadtplan im Café zu jemandem und frage nach dem nächsten Supermarkt, der nächsten Drogerie oder Apotheke.
Es gibt unzählige Fragen, die Du stellen kannst und auf die

Du aufbauen kannst: „Bist Du schon lange hier? Woher kommst Du gerade? Was ist Dein nächstes Ziel und wie lange bleibst Du noch hier?"

Du wirst in den ersten zehn Sekunden schon merken, ob dieser Mensch nun eigentlich seine Ruhe haben möchte oder redselig einsteigt.
Dann kannst Du Dich entweder nett bedanken und verabschieden – oder Du hast einen neuen Gesprächspartner, mit dem Du Dich austauschen und mit dem Du im Idealfall später etwas unternehmen kannst.

Die Hemmschwelle ist anfangs groß. Aber was ist das Schlimmste, das Dir passieren kann?

Ich weiß, in Deinem Kopf schießt Dir nun sofort die schreckliche Vorstellung, dass Du als nervig abgestempelt werden könntest.
Ja, würdest Du vermutlich, wenn Du zehn Minuten auf jemanden einreden würdest, der eigentlich mit Kopfhörern hinter seinem Buch verschwunden war. Aber doch nicht, wenn Du nach Salz, Duschen oder eine Apotheke fragst.

Diese Fragen sind genau dafür da, um abzuschätzen, ob jemand in Ruhe gelassen werden oder vielleicht insgeheim auch nur Anschluss finden möchte und sich darüber freut, dass Du den ersten Schritt gemacht hast.
Mach Dir also nicht zu viele Gedanken darum, andere zu stören und sei einfach sensibel für die Stimmung, die entsteht.

Und ich wette mit Dir: In 90% der Fälle wirst Du nette Gespräche haben, neue Bekannte und vielleicht sogar neue Freunde finden. Das ist die Magie des Reisens. Niemand ist gerne dauerhaft alleine.

Gesundheit & Hygiene unterwegs

„Reisen ist meine Therapie."

DIE VORBEREITUNG AUF DEINE REISE UND DIE PROPHYLAXEN

Ich weiß nicht, wie es Dir geht, aber ich bin vor einer neuen Reise meist so sehr mit dem Packen, Organisieren und dem Abhaken von To-Do-Listen beschäftigt, dass oft (zu) wenig Zeit dafür bleibt, gründlich zu recherchieren, was ich eigentlich alles an Prophylaxe und Vorbereitungen treffen sollte, um in meinem Reiseland auch fit und gesund zu bleiben.Meist ende ich dann kurz vor Abflug in einem kleinen Verzweiflungstief, weil ich für Impfungen, die vielleicht nötig gewesen wären zu spät dran bin, ich nochmal zum Arzt, in die Apotheke oder in die Geschäfte rennen muss, um die Reiseapotheke doch noch in einen halbwegs akzeptablen Zustand zu bringen und sowieso irgendwie total unvorbereitet bin, was die Gesundheits-empfehlungen angeht, die mein Reiseziel betreffen.

Erkennst Du Dich da wieder?

Keine Sorge! Wenn Du diesen Abschnitt nun gründlich liest und alle Informationen rausziehst, die für Dich wichtig sind, werden die Vorbereitungen für Deine nächste Reise (zumindest in diesem Punkt) deutlich entspannter verlaufen!Ich habe für Dich noch einmal sämtliche Ratgeber gewälzt, die Seiten des Auswärtigen Amts und der Tropeninstitute auswendig gelernt, für Dich die wichtigsten Grundlagen und Informationen zusammengesucht und dieses Buch um viele weitere Informationen ergänzt, die wir im ersten Buch nur grob durchgesprochen habe. Zusätzlich habe ich auch immer wieder persönliche Erfahrungen und mein Wissen als Krankenschwester eingebunden, damit Du Fehler vermeiden und aus meinen lernen kannst! Klingt gut? Ok, dann genug geschwafelt: Ran an die Infos!
Die folgende Liste kannst Du als Einstiegscheckliste mit

allen wichtigen Punkten ansehen, die Du vor einer Reise bedenken und berücksichtigen solltest. Auf viele davon werden wir nochmal gesondert und intensiv eingehen, um den Überblick hier knapp und kompakt zu halten!

Punkte, die Du etwa sechs Monate vor Deiner nächsten Reise (oder spätestens jetzt!) angehen solltest:

Hast Du eine Auslandskrankenversicherung?

Egal, in welches Land Du reist: Diese Frage solltest Du zumindest kurz beleuchtet haben! Falls Du in Europa unterwegs sein wirst, besteht eine gute Chance, dass Deine deutsche Krankenversicherung greift. Ein kurzer Anruf genügt, um ganz sicher zu gehen! Vor allem solltest Du klären, ob auch die Kostenübernahme eines Rücktransportes abgesichert ist.

Solltest Du also verletzt in einem Krankenhaus in Wer-weiß-wo sein und Deine Behandlung doch länger als ein paar Tage dauern, kannst Du, so ohne dass Dir Kosten entstehen, nach Hause gebracht werden. Ein wichtiger Punkt, oder?

Besprich Deine Reiseroute mit Deinem Hausarzt oder – noch besser - mit einem Tropenmediziner!

Natürlich kannst Du Dir die Mühe machen, alles im Internet zu recherchieren, aber das kostet viel Zeit und gerade Tropeninstitute sind genau auf diese Beratungen ausgerichtet und können Dir auch bei mehreren Reisen direkt Empfehlungen für Vorsichtsmaßnahmen, Impfungen und Risikogebiete nennen, die auch Deinem Reisestil entsprechen. Jemand, der backpackend durch den Dschungel zieht, ist anderen Risiken ausgesetzt als der 5-Sterne-Hotelbesucher.

Logisch, oder? Auch bei kurzen Reisen ist die Wahrscheinlichkeit nicht unbedingt geringer, sich Infektionskrankheiten einzufangen, also rechtfertigt auch schon ein zwei bis drei wöchiger Urlaub die Abklärung! Vor allem, weil sich Symptome (zum Beispiel von Malaria) oft auch erst eine ganze Weile nach Deinem Urlaub zeigen können.

Aus persönlicher Erfahrung würde ich Dir deshalb diesen Besuch sehr ans Herz legen! Damit Du Dir aber nun die Suche nach dem passenden Arzt in Deiner Nähe sparen kannst, habe ich eine sehr praktische Seite der Deutschen Gesellschaft für Tropenmedizin gefunden, auf der Du lediglich Deine Heimatadresse eingibst und sie Dir sofort den nächsten Tropenmediziner Deiner Stadt ausspuckt! Den Link dazu findest Du in den Ressourcen-Seiten dieses Buches.

Lass Deine Impfungen checken, auffrischen und erweitern!

Sobald Du den Termin beim Tropenarzt in der Tasche hast, leg Dir Deinen Impfausweis bereit! Dort wird dann nämlich auch kontrolliert, ob Deine aktuellen Impfungen alle noch ausreichend sind.Ich habe in Australien mit Entsetzen festgestellt, dass meine Tetanus-Impfung nach zehn Jahren wieder fällig war und musste sie selbst zahlend erneuern lassen, was mich hier in Deutschland nichts gekostet hätte!

Standardimpfungen, die in Deutschland unter die Impfempfehlungen fallen, werden von der Krankenkasse gezahlt. Auslandskrankenkassen zahlen diese in den meisten Fällen nicht, da sie als Prophylaxen angesehen und daher nicht übernommen werden!

Interessant ist auch, dass manche klassischen Reiseimpfungen trotzdem von unseren Krankenkassen gezahlt werden! Daher auf jeden Fall nach den Impfungen die Rechnung aufheben und prüfen, ob Deine Krankenkasse die Kosten übernimmt. Stell einen Antrag auf Kostenerstattung – das kann Dir bis zu 100€ sparen! Den Link zur Übersicht, welche Krankenkasse welche Kosten übernimmt, findest Du ebenfalls in den Ressourcen-Seiten.

Ist Malaria in Deinem Reiseziel ein Thema?

Dann lass Dich auch über Malaria-Prophylaxe aufklären! Es gibt ein paar Möglichkeiten, sich vor Malaria zu schützen und jede hat Vor- und Nachteile.

Du kannst versuchen, auf Dich von Grund vor den gefährlichen Mückenstichen zu schützen, Insektenschutzmittel, Moskitonetz und Medikamente einpacken, von Stand-by Produkten bis zu Dauer-Antibiotika.

Das Thema Malaria habe ich im ersten Buch bereits ausführlich besprochen, aber ein Beratungsgespräch solltest Du in jedem Fall führen!

Hast Du einen Blutgruppenpass?

Dann pack ihn ein! In vielen medizinisch noch nicht sehr entwickelten Ländern kann es von Nutzen sein, seine Blutgruppe zu kennen, und manchmal ist dort gegenseitige Blutspende lebensrettend! Extra einen solchen Pass für Deine Reise zu besorgen, lohnt sich höchstens dann, wenn Du eine Blutgruppe hast, die nur wenige Blutprodukte zulässt (wie 0 neg). Seine eigene Blutgruppe kann man meist beim Hausarzt erfragen und diese Information einfach irgendwo aufschreiben.

Erstell Dir eine gut ausgestattete Reiseapotheke!

Du musst nicht für alle Eventualitäten ausgestattet sein, aber bei Fieber und vor allem Durchfall durch ungewohntes Essen musst Du etwas dabei haben, das Dich notfalls über den Tag oder zumindest zum nächsten Arzt bringt.

Ich habe mit einer heftigen Grippe in einer thailändischen Hütte gelegen, 20 Gehminuten von jeglicher Zivilisation (sprich Arzt oder Apotheker) entfernt. Ohne meine Reiseapotheke wäre es mir da wirklich übel ergangen.Vor allem also, wenn Du alleine unterwegs bist und vielleicht nicht immer jemanden hast, den Du zur nächsten Drogerie oder Apotheke schicken kannst, ist eine Notfallausrüstung für ein paar Tage Gold wert!Empfehlungen zur Reiseapotheke hast Du bereits in "Frauen Reisen Solo" bekommen. Auch wenn ich sie zu ausführlich als Packliste finde: Die empfohlene Reiseapotheke des Auswärtigen Amtes ist zumindest als Sicherheitsdatei oder Ausdruck in der Tasche mit den internationalen Benennungen vieler Medikamente wertvoll! Den Link dazu findest Du in den Ressourcen-Seiten.

Informiere Dich über die Sicherheitshinweise Deines Reiseziels!

Ich bin niemand, der sich verrückt machen lässt, aber trotzdem finde ich es sinnvoll, wenn Du Dich kurz über die Gefahrenquellen Deines Reiselandes informierst, um eventuell Deine Reiseroute danach auszulegen. Ob es nun um den Grenzgang Malaysia-Thailand oder den Nordwesten Kambodschas geht: Es ist nie verkehrt, sich von Krisengebieten einfach fernzuhalten.Das Auswärtige Amt ist dafür die beste und sicherste Adresse und bietet über eine einfache Auswahl eine Übersicht aller Länder mit sämtlichen aktuellen Informationen! (Link s. Ressourcen)

An alles gedacht?

Dann hast Du nun zumindest die wichtigsten Punkte geprüft und bist schon ziemlich gut ausgestattet und vorbereitet!

Fühlt sich doch deutlich besser an als der Last-Minute-Panik-Check, oder?

DAS DETAILWISSEN ZU DEN IMPFUNGEN

Nachdem ich im ersten Buch bereits grob über die Impfungen geschrieben habe, geht es hier nun ins Detail und soll Dich intensiv darauf vorbereiten, was auf Dich zukommt, wenn Du Dich für eine Impfung entschieden hast und für welche Krankheit sie sich empfehlen:

Gelbfieber

Was ist das?
Eine akut lebensbedrohliche Infektionskrankheit, die durch Mücken übertragen wird. Kann tödlich enden!

Was macht es?
Fieber, Übelkeit und Schmerzen.

Impfung?
Lebendimpfstoff, der in den Muskel injiziert wird (meist in den Oberarm). Spätestens zehn Tage vor der Einreise in ein Risikogebiet fällig.

Nebenwirkungen?
Wird allgemein gut vertragen. Mögliche Reaktionen: einige Tage danach grippe-ähnliche Symptome (Fieber, Abgeschlagenheit) und evtl. leichte Schwellung oder Muskelschmerzen am Injektionsort.

Brauche ich wo?
Kommt in bestimmten tropischen Regionen in Südamerika und Afrika vor.

Cholera

Was ist das?
Eine bakterielle Darminfektion, die meist über Trinkwasser oder Lebensmittel erfolgt.

Was macht es?
Durchfall und Erbrechen. Es kann zu so großen Flüssigkeitsverlusten kommen, dass die Cholera tödlich endet.

Impfung?
2malige Schluckimpfung an Tag 0 und Tag 7-28, also mindestens eine Woche vorher beginnen! Wird allerdings nur für Choleraepidemien empfohlen. Für die meisten Reisenden entbehrlich.

Nebenwirkungen?
Kann Symptome wie bei einer Magen-Darm-Grippe hervorrufen.

Brauche ich wo?
Kommt in bestimmten tropischen Regionen in Südamerika und Afrika vor

Hepatitis A & B

Was ist das?
Eine infektiöse Gelbsucht (Virusinfektion der Leber).

Was macht es?
Allgemeine Symptome wie Kreislaufprobleme, Schwäche, Übelkeit, Durchfall, aber auch psychische Reaktionen Beispiele?.

Impfung?
Muss dreimal gegeben werden! Tag 0, nach 4 Wochen und nach 6-12 Monaten! (Ein Schutz besteht auch schon nach der ersten Impfung, aber wirklich wirksam ist er erst nach der letzten).

Nebenwirkungen?
Wie bei der Gelbfieber-Impfung.

Brauche ich wo?
Weltweit verbreitet, besonders in den Tropen.

Tollwut

Was ist das?
Tödliche Viruserkrankung!

Was macht es?
Eine Gehirnentzündung. Zunächst grippeartige Symptome (manchmal auch erst nach Monaten oder Jahren), dann Kopfschmerzen, generalisierte Krampfanfälle, neurologische Ausfälle, bis zum Tod.

Impfung?
Wird unter die Haut injiziert. Totstoffimpfung.

Brauche ich wo?
Sehr weit verbreitet! Vor allem in Indien und China.

Japanische Enzephalitis

Was ist das?
Eine Virusentzündung des Gehirns. Wird von tagaktiven Mücken verbreitet. Kann tödlich verlaufen oder zu Behinderung führen.

Was macht es?
Ähnlich wie bei Tollwut Symptome der Gehirnentzündung.

Impfung?
Injektion in den Oberarm. Hältst Du Dich lange im Risikogebiet auf, wird eine Auffrischung nach 12 Monaten empfohlen.

Nebenwirkungen?
Allgemein sehr gut verträglich.

Brauche ich wo?
Ostasien, Südostasien, Südasien, Papua Neuguinea bis zur Nordspitze Australien

Typhus

Was ist das?
Eine bakterielle Infektionskrankheit. Übertragung durch Waser und vor allem in Ländern mit Hygienemangel.

Was macht es?
Hohes Fieber 6-30 Tage nach der Infektion über 3-4 Tage. Kopfschmerzen, Abgeschlagenheit, Grippesymptome.

Impfung?
Als Schluck- und Injektionsimpfung möglich.

Nebenwirkungen?
Allgemein sehr gut verträglich.

Brauche ich wo?
Weltweit.

Detailliertere Informationen gibt es auf der Website der Deutschen Gesellschaft für Tropenmedizin.

DIE LEIDIGE LEBENSMITTELVERGIFTUNG…

Wer von uns hat nicht schon mal einen Tag über der Kloschüssel verbracht, weil ihm oder ihr das Essen nicht bekommen ist?! Ja, genau. Ich schätze mal jeder und jede von uns.

Und in unbekannten Kulturen und Ländern ist die Wahrscheinlichkeit gleich nochmal so hoch. Es müssen gar nicht mal Bakterien sein, die Dir den Tag verderben – manchmal reicht es schon, dass Du Gewürze oder Nahrungsmittel nicht gewöhnt bist und schon rebelliert Dein Magen.

Ganz vermeiden kannst Du das vielleicht nie, besonders wenn Du sowieso einen sensiblen Magen hast, aber zumindest kannst Du Dich mit ein paar Vorsichtsmaßnahmen und kleinen Ritualen vor so einigem schützen.

Ganz einfache Maßnahmen zum Schutz vor Magen-Darm-Problemen:

Was Du und ich schon als Kinder gelernt haben, zählt in anderen Ländern, vor allem in denen, wo Street Food und Garküchen üblich sind, dreimal mehr:

Händewaschen vor dem Essen!

Ich sehe immer wieder so viele Reisende, die eifrig mit ihrem Desinfektionsmittel hantieren, sobald sie auf einer fremden Toilette waren, aber die wenigsten nutzen es da, wo es tatsächlich wichtig wäre: beim Essen!

Generell bin ich sowieso kein Freund von Desinfektionsmittel und habe nie welches dabei. Experimente in meiner Ausbildung zur Krankenschwester haben mir gezeigt, wie effektiv Händewaschen alleine schon ist, und so muss ich auch nicht panisch werden, wenn mein Fläschchen dann mal mitten im Nirgendwo leer ist.

Du musst wissen, womit Du Dich wohl und sicher fühlst, also ist beides völlig richtig! Vergiss nie: Es ist trotzdem sinnvoll, sich vor dem Desinfizieren die Hände zu waschen, um den Schmutz loszuwerden, der ebenso schädlich sein kann.

Kein Leitungswasser benutzen!

Das Leitungswasser hat selten Trinkwasserqualität und in manchen Ländern reicht das schon, um Dich aus den Latschen zu hauen. Wenn schon überall gewarnt wird, das Wasser nicht zu trinken, denk auch an solche Kleinigkeiten wie Zähneputzen mit Leitungswasser und an Eiswürfel. Auf beides solltest Du einfach verzichten.

Street Food vor Restaurants!

Das mag Dir im ersten Moment absurd erscheinen, aber tatsächlich ist ein Restaurant in nicht-westlichen Ländern eine größere Bakterienquelle als der Garküchenstand am Straßenrand, aus folgenden Gründen:

- In der Restaurantküche wird oft die Hygiene nicht kontrolliert. Bevor Du Dir also nicht selbst die Küche angeschaut hast, würde ich darauf verzichten, dort zu essen, wenn direkt daneben ein Straßenstand steht. Der ist in 90% der Fälle auch leckerer und günstiger!
- Im Restaurant wird vieles vorgekocht, aber oft nicht ideal gelagert. Der Kühlschrank kühlt

vielleicht nicht so gut und anderes, was eigentlich hinein gehört, landet möglicherweise erst gar nicht darin,.

- In der Garküche hingegen wird oft frisch vor Deinen Augen gekocht. Du hast also einen viel besseren Überblick darüber, was Dir vorgesetzt wird. Es entstehen keine Lagerungszeiten und eine Kühlkette, die gebrochen werden könnte, gibt es folglich gar nicht.

Gekocht vor Roh

Ist eigentlich logisch, oder? Als Vegetarierin hat man es da oft insgesamt einfacher, aber wenn Du auf Fleisch stehst, achte darauf, dass es wirklich gut durchgebraten ist. Auch wenn Du es vielleicht sonst anders bevorzugst, es ist die sicherere Variante. Bakterien haben dann die schlechteren Karten.

Gemüse lieber gekocht oder gebraten essen, nicht als rohe Beilage.

Wenn Du sehr empfindlich bist, würde ich auch auf Blattsalate verzichten, denn die werden oft mit Leitungswasser gewaschen und das... naja... hatten wir ja schon.
Obst solltest Du möglichst schälen können oder sonst lieber darauf verzichten. Es sei denn, es ist weiterverarbeitet, also gebacken, gebraten oder gekocht. Kein Problem!

Fazit

Wenn das jetzt übertrieben oder nach absoluter Panikmache für Dich klingt, dann merk Dir eines: Nicht all das muss auf Dich zutreffen!
Ich habe in manchem Ländern gar keine Probleme gehabt

und in anderen kaum etwas vertragen. Je nachdem, wie stark ich geplagt bin, halte ich strengere Regeln ein oder lockere sie.

Du wirst selbst wissen, wie empfindlich oder abgehärtet Du bist. Und wenn Du irgendwo schlechte Erfahrungen machst, schränke Dich eben eine Zeitlang etwas mehr ein und taste Dich dann langsam vor.

Das alles sind nur Dinge, die Du bedenken kannst, nicht musst!

Wenn der Durchfall trotzdem zuschlägt...

Ganz allgemein ist das nicht weiter schlimm, sofern kein Fieber, Kreislaufstörungen, Blutbeimengungen oder starkes Erbrechen hinzukommt. Dann jedoch solltest Du einen Arzt aufsuchen!

Was kannst Du tun, um schnell wieder auf die Beine zu kommen?

- Viel, viel und noch mehr trinken (mindestens ein großes Glas Wasser oder Tee pro Stunde)!
- Deinem Trinkwasser 2-3x/Tag Elektrolytpulver in beimischen (z.B. EloTrans®, gehört in jede Reiseapotheke)!
- Schonkost einhalten (keine fetten, stark gewürzten und schwerverdauliche Speisen, keine Fruchtsäure)
- Cola ohne Kohlensäure trinken (klingt eklig, hilft aber!) und Salzstangen knabbern.
- Kohletabletten oder Perenterol® einnehmen. Kohletabletten binden die schädlichen Substanzen im Darm, Perenterol® hilft, die Darmflora wieder aufzubauen. Nicht jedem hilft es, aber schaden

kann es in keinem Fall.

Was Du nur in absoluten Ausnahmen und dann auch nur selten nutzen solltest, sind Durchfallblocker (Loperamid-Wirkstoffe wie Immodium Akut®)! Sie beheben das Problem nicht wirklich, sondern stoppen nur den Durchfall. Allerdings bleiben damit auch alle schädlichen Stoffe in Deinem Körper! Deshalb solltest Du darauf nur zurückgreifen, wenn es nicht anders geht, wie zum Beispiel bei langen Busfahrten oder ähnlichem.

Das Wichtigste ist, gut auf Deinen Körper zu hören und wenn Du unsicher bist und alles nichts hilft, lieber einen Arzt aufzusuchen!

BRAUCHST DU EIN ERSTE-HILFE-SET?

Vor jeder Reise ist meine Prioritätenliste klar: Klamotten, Technik, Medikamente.

Aber was ich bisher noch nie dabei hatte, ist ein Erste-Hilfe-Set. Ist das schlau?
Vielleicht nicht. Aber Fakt ist: Mir sind die meist zu unsinnig bestückt. Und ich bin Krankenschwester!

Du glaubst nun wahrscheinlich, dass ich mir schon zu helfen weiß, wenn mir etwas passiert.

Richtig. Stimmt soweit. Aber genau das ist auch der Punkt, warum ich denke, dass auch Du kein Erste-Hilfe-Set brauchst, sondern lieber einzelne, bewusst ausgewählte Accessoires und im Hinterkopf das Wissen, das Du für kleinere Notfälle brauchst.

Mit kleineren Notfällen meine ich folgende…

Nach einer Wanderung im Busch hast Du Dir an irgendeinem Gestrüpp blutige Kratzer zugezogen.

Danach solltest Du in eine Drogerie oder Apotheke gehen und Dir desinfizierende Wundsalbe besorgen (wie zum Beispiel Bepanthen® Salbe). Du kannst sie vorab natürlich auch schon in Deiner Reiseapotheke mitschleppen.
Allerdings hast Du sie nach meiner Erfahrung beim Wandern sowieso nicht dabei, und abgesehen von wirklich abgelegenen Ecken ist es zur nächsten Apotheke dann genauso weit wie zur Unterkunft und der Reiseapotheke. Also wieder etwas Gepäck gespart.
Wir reden hier von Kratzern. Nicht von Wunden. Ist klar, oder?

Du hast Dir einen Splitter oder eine Zecke eingefangen.

Schere und Pinzette gehören in jeden Kulturbeutel oder in die Reiseapotheke! Zum Desinfizieren hältst Du sie entweder über ein Feuerzeug halten (abkühlen lassen nicht vergessen und dabei nicht berühren!). Eine Zeckenzange gibt es in Gebieten, in denen es auch Zecken gibt, ebenfalls in jeder Apotheke.
Benutz keine normale Pinzette dafür! Du könntest der Zecke den Kopf abtrennen und das würde dann sehr unschön enden…

Ein Mückenstich hat sich infiziert.

Woran erkennst Du das? Er ist rot, tut weh (mehr als normal) und ist sehr druckempfindlich.
Das passiert gern in tropischen Regionen, wenn man zu viel kratzt.
Sofern nicht auch großflächig Schmerzen auftreten, Du Fieber bekommst oder der Mückenstich eitert, kannst Du dafür Zinksalbe aus der Apotheke benutzen oder noch besser: Antibiotikum-Puder.

Das gilt aber nur für einen, maximal zwei Tage! Wenn er bis dahin nicht deutlich besser aussieht und die Schwellung zurückgeht, solltest Du zu einem Arzt!

Das sind die einzigen Fälle, die mir einfallen würden, in denen ich Dir zur Eigenmedizin raten würde statt Dich zu einem Arzt zu schicken.. Und ganz ehrlich – bei diesen Dingen würde Dir auch kein Erste-Hilfe-Set helfen…

Bei allen anderen Verletzungen, bei denen Du Verbände brauchen würdest, gehörst Du zu einem Arzt!

KRANKHEITEN AUF REISEN - DIE TRICKKISTE

Eine der schlimmsten Vorstellungen vor einer Reise ist die, auf Reisen krank zu werden. Es ist nicht nur die Sorge, in ein fremdes Krankenhaus oder auch nur zu einem fremden Arzt zu müssen (vor allem, wenn in manchen Ländern die Krankenversorgung bei weitem nicht unserem europäischen Standard entspricht), sondern vor allem die Angst, dabei ganz alleine zu sein.

Das Beste, was Du also für Dich tun kannst, sind eine gute Vorsorge, rechtzeitig auf Symptome zu hören, und Gegenmaßnahmen zu ergreifen, sobald Du Anzeichen einer Krankheit verspürst,, um es nicht ausufern zu lassen.

Für die gängigsten Wehwehchen gibt es einige kleine Kniffe. Zum einen, um sich nicht mehr so schlecht zu fühlen, und zum anderen, um sie schnellst möglich wieder loszuwerden.

Vieles sind einfache Hausmittelchen, die in der modernen Medizin gerne untergehen aber auf Reisen sehr, sehr nützlich werden können, wenn Du deswegen den Arztbesuch vermeiden kannst.

Natürlich sollte klar sein, dass Du bei Verschlechterungen, ernsten Symptomen wie starken Kreislaufproblemen, hohem Fieber und allem, was länger als drei Tage besteht, ohne Besserung einen Arzt aufsuchen solltest!
Das gilt, egal wo Du bist, und egal, wie sehr es Deine Reisekasse schmerzt. Schließlich hast Du dafür Deine Auslandskrankenversicherung, die Dir diese Kosten zurückerstattet.

Reiseübelkeit

Reiseübelkeit ist etwas Fieses und auch ich werde immer noch davon geplagt. Letztendlich gibt es keine Patentlösung, denn jedem hilft etwas anderes. Du kannst Dir entweder in jeder Apotheke Tabletten mit dem Wirkstoff Dimenhydrinat besorgen, um Dir darüber hinwegzuhelfen, aber ich persönlich verzichte darauf gerne. Sie lassen zwar im Idealfall die Übelkeit verschwinden (wobei sie auch nicht jedem und immer helfen), machen aber dabei auch sehr, sehr müde. Für eine Stunde Fahrt mit einer Fähre oder einen Kurzstreckenflug danach noch stundenlang total müde zu sein, lohnt sich in meinen Augen nicht.

Alternativ schwören viele auf getrockneten Ingwer. Wenn Du also den Geschmack magst, lohnt es sich, diesen natürlichen Trick einmal auszuprobieren.

Mir persönlich hilft es, salzige Cracker oder Chips zu naschen. Generell soll es wohl helfen, den Magen von Anfang an leicht beschäftigt zu halten, aber bei mir funktioniert es hauptsächlich mit etwas Salzigem. So habe ich schon eine achtstündige Berg- und Talfahrt durch laotische Serpentinen überstanden. Wenn auch leider sehr kalorienreich.

Magenschmerzen

Wenn Du Magenschmerzen ohne große andere Symptome hast, hilft es oft schon, auf leichte Kost umzusteigen (keine Gewürze, kein Fett, kein Koffein, kein Alkohol) und viel Pfefferminz- oder Kamillentee zu trinken. Wenn Du eine Trinkflasche dabei hast, füll sie mit heißem (nicht kochendem) Wasser und leg sie Dir auf den Bauch. Dafür sind natürlich die immer beliebter werdenden Trinkbeutel (z.B. von Vapur®) noch perfekter.

Kopfschmerzen

Hier solltest Du als allererstes an Dehydration denken und viel Wasser trinken. Oft bekommen wir Kopfschmerzen, weil wir zu lange in der Hitze waren oder zu wenig getrunken haben.
Wenn Du schon zurück in Deiner Unterkunft bist, leg Dich mit einem kalten Lappen auf dem Kopf und im Nacken ins Dunkle.
Wenn das nicht hilft oder Du noch unterwegs bist, sollten Paracetamol oder Ibuprofen auch nicht schwer aufzutreiben sein. Allerdings sollte sich ein Vorrat davon sowieso in Deiner Reiseapotheke befinden.

Halsschmerzen

Je nachdem, was sich besser anfühlt, trinke Tee mit Honig oder Wasser mit Eiswürfeln. Frischer Ingwer hilft auch oft, weil er antibakterielle Wirkung hat. Genauso übrigens wie Zwiebelsaft. Der mag nicht so angenehm schmecken, hilft mir aber oft, wenn ich vermeiden möchte, Antibiotikum nehmen zu müssen. Einfach Zwiebeln kleinhacken und mit viel Zucker bestreut in einer Box in den Kühlschrank stellen. Von dem Saft, der sich darauf bildet, solltest Du stündlich einen Teelöffel trinken. Es riecht zwar nicht besonders gut, hat aber eine ähnliche Wirkung wie Antibiotikum.

Blasenentzündung

Damit solltest Du nicht spaßen, denn die können wirklich fies und gefährlich werden. Selbst behandeln solltest Du also nur sehr schwache Formen mit ganz leichten Symptomen. Andernfalls geh in die Apotheke oder zum nächsten Arzt und lass Dir Antibiotikum verschreiben.
Versuch, so viel wie möglich zu trinken, um die Blase

durchzuspülen, so unangenehm der Gang zur Toilette auch ist. Besonders Cranberry-Saft vernichtet die Bakterien in der Blase, während alle Getränke mit Zucker sie eher noch füttern – also solltest Du auf Sodas und gesüßten Tee verzichten.

Verstopfung

Meist geht es auf Reisen eher um die umgekehrte Problematik, aber wenn Du unterwegs an Verstopfung leidest, solltest Du viel, viel trinken. Getrocknete Früchte oder dem Essen beigemischter Leinsamen bringen Erleichterung. Da hat aber auch jede ihre eigenen Tricks.

Durchfall

Solltest Du keine anderen Symptome (z.B. Fieber oder Erbrechen) haben, helfen Bananen oder geriebener Apfel, um das wieder zu normalisieren.

Wundermittelchen

Achtung, Geheimtipp: Du magst mich für verrückt halten, aber ich habe auf meiner Reise in Australien ganz schnell das PawPaw Ointment in seiner roten Tube für mich entdeckt und lieben gelernt. Seitdem schleppe ich es überall mit hin, habe es schon online nachbestellt und sogar auf Bali und in Malaysia aufgetrieben.

Es ist eine Salbe aus natürlichem Papaya-Extrakt und hilft mir bei so gut wie allen Wehwehchen: Kratzer, Mückenstichen, Blasen, spröden Lippen und einer wunden Nase. Zuletzt habe ich es sogar als Körpercreme benutzt, als ich mir einen bösen Sonnenbrand eingefangen hatte. Bisher hat es mir bei allem nur gut getan und meist schnell alles gelindert, was mich geplagt hat. Ich schwöre darauf.

Ein wenig bekannter und weltweit leichter zu bekommen (besonders in jeder Stadt, die eine Chinatown vorweisen kann) ist das Tigerbalsam.
Es gibt zwei Arten: weißes und rotes Tigerbalsam, allerdings sieht der Inhalt genau gleich aus. Das weiße hat eher einen kühlenden Effekt, das rote einen wärmenden. Du kannst es für alle möglichen Situationen verwenden: Das weiße hilft auf die Schläfen aufgetragen bei Kopfschmerzen, bei Mückenstichen und anderen Wehwehchen, das rote zum Beispiel bei Muskelverspannungen oder Rückenschmerzen. Beide gelten ebenso als Universalheilmittel für fast alles.

Teebaumöl verwenden viele, um Pickel auszutrocknen oder auch einen Fußpilz, den man sich ab und an in den Hostelduschen einfängt (FlipFlops nicht vergessen!).

Viele schwören auf Kokosöl als Universalprodukt, wie Haargel, Deo und Hautpflege. Du kannst es aber auch als juckreizstillendes Mittel bei Ekzemen oder Mückenstichen nutzen.

BEAUTY-PFLEGE AUF REISEN... UND DANACH!

Ich ertappe mich immer wieder dabei, dass ich zu wenig Pflege auf Reisen verwende. Von allem.
Viel zu beschäftigt mit Beachtime, Erkundungstouren und Socialising und mit zu wenig Platz in der Kulturtasche, geht das immer als erstes unter.
Also habe ich vor ein paar Wochen mal ein bisschen mehr Beauty-Programm gemacht, um die Schäden einzudämmen und ein wenig davon wieder gutzumachen.

Egal also, ob Du zu denen gehörst, die schon während des Reisens ihrem Körper etwas Gutes tun wollen, oder zu denen, die in der Woche nach der Heimkehr alles wieder auf Vordermann bringen:
Hier mal ein paar Tipps für die Kulturtasche, um die Bräune länger zu halten, Haut und Haare zu verwöhnen und um mit alldem das strahlende Aussehen eines Beachgirls etwas länger zu erhalten...

Ganz allgemeine Tipps für die Beauty-Pflege auf Reisen:

Trinken, Trinken, Trinken!

Flüssigkeit ist das beste Mittel, um nicht ständig wie eine vertrocknete Pflaume auszusehen, Deine Haut zum Strahlen zu bringen und Deine Bräune länger zu halten.
In heißen Ländern solltest Du mindestens 2-3 Liter Wasser am Tag trinken. Jeder Liter mehr ist super!
Mir ist es immer zu schwer, die großen Wasserflaschen mitzuschleppen. Deswegen habe ich überall meine 600ml Blender Bottle dabei, versuche stündlich die Hälfte davon zu trinken und sie danach wieder aufzufüllen.

Klappt nicht immer – gebe ich zu – aber ich arbeite dran.

Ausgewogene Ernährung

In Mexiko habe ich mich enorm quälen müssen, denn als Vegetarierin konnte ich wählen zwischen Tacos, Nachos, Enchiladas und Quesadillas – mit Käse.
Wenn darin schon mal ein bisschen Gemüse eingequetscht war, war ich schon glücklich.
In Thailand hingegen versuche ich, deutlich mehr auf Gemüse, Tofu und Obst zu setzen. Und das solltest Du auch! Wobei Du den Tofu auch gut gegen Fisch oder weißes Fleisch austauschen kannst.
Lass Dich auf Reisen, besonders auf Langzeitreisen (!) nicht zu ungesunder Ernährung verleiten. Deine Haut merkt sich das…

Pflege-Tipps vor dem Reisestart

Ein guter Sonnenschutz

Das A und O! Gerade wenn Du wie ich immer käseweiß irgendwo landest, solltest Du die Unterkunft an den ersten Tagen nie ohne Sonnenmilch verlassen.
Mindestens 20 Minuten, bevor Du rausgehst (nicht erst am Strand in der Sonne), auftragen und nach dem Plantschen in Pool oder Meer neu auftragen.
Das sind die Basics, die uns schon von Kindesbeinen an beigebracht werden und die wir doch viel zu gern vertrödeln.
Um dann drei Tage nur auf Kissen sitzen zu können, weil wir uns den Hintern verbrannt haben. Was mir natürlich absolut definitiv nicht in Mexiko passiert ist. Niemals. Schon gar nicht zweimal.

Stylische Kopfbedeckung

Ja, Hüte sind so eine Sache. Und stehen mir leider gar nicht. Aber selbst ich trage mindestens die ersten Tage in der Hitze eine Kappe – und bei Touren, in denen ich mich in der Sonne anstrenge, auch.
Denn ein Hitzschlag ist ungefähr so angenehm wie eine Lebensmittelvergiftung und gleichermaßen lästig.
Also. Hut kaufen. Und aufziehen.

Feuchttücher einpacken

Nach einem Tag am Strand hat sich auf meinem Gesicht ein ganz eigenes Peeling angesammelt: Sand, Meersalz und Schweiß kleben dann auf meinem Gesicht wie Schmirgelpapier und am Abend merke ich, wie alles spannt.
Wenn Du unterwegs nicht zum Duschen kommst und sowieso zu empfindlicher Gesichtshaut neigst, wirkt ein Feuchttuch wahre Wunder!
Ich habe immer die Probepackungen mit etwa zehn Tüchern dabei. Die sind leicht, gut in der Kulturtasche zu verstauen und perfekt für Problem- oder Notfalltage. Da ich sie nur ab und zu brauche, reicht das vollkommen aus.

Peelings – vor der Reise!

Bevor Du abreist, solltest Du einmal ein gründliches Ganzkörperpeeling machen.
Damit entfernst Du alte Hautschüppchen und reinigst sozusagen Deine Haut einmal gründlich.
Perfekte Vorbereitung auf die Bräune!

Pflege-Tipps für auf oder nach der Reise:

After Sun Lotion

Kaum jemand kommt nach einem Beach-Tag ohne eine leichte Rötung zurück. Egal, wie fleißig Du cremst: Deine Haut wird einfach beansprucht.
Wenn Du ihr also etwas Gutes tun willst, nutz abends After Sun Lotion. Sie hindert Deine Haut nicht nur am Schälen, sondern stärkt und hält im besten Fall auch noch Deine Bräune.

Peelings vermeiden

Wenn Du zurück zu Hause bist, ist Dir vielleicht nach einem Peeling. Lass es noch ein paar Wochen.
Je mehr Du peelst, desto schneller entfernst Du auch Deine Bräune. 2-3 Wochen Pause sind genug.

Haarkur

Wenn Du unterwegs schon dazu kommst, dann gönn Deinen Sonnen und Salzwasser geplagten Haaren wöchentlich eine Haarkur. Sonst spätestens nach der Reise regelmäßig.

Friseur!

Nachdem Deine Haarspitzen all die Strapazen eines Meerurlaubs aushalten mussten, ist es nach der Reise Zeit, sich von den geschundenen Spitzen zu trennen.
Natürlich kannst Du bei einer Langzeitreise auch einfach eine Haarschere mitnehmen und bei langen Haaren wunderbar selbst die Spitzen schneiden. Mache ich nun schon seit drei Jahren so. Gar nicht mal so sehr, weil ich zu geizig bin, ich vertraue einfach nur selten einem Friseur.

Kurze Bonus-Tipps fürs Reisen im kalten Norden:

- Nutze Sonnenschutz im Gesicht
- Pack eine gute Feuchtigkeitscreme ein
- Achte auf eine gute Lippenpflege mit SF
- Hand- und Fußcreme einpacken
- Auf zu heiße Bäder verzichten
- Benutze eine Body Lotion mit Urea

Pack-Tipps für Deine Kulturtasche

Bei mir gibt es hauptsächlich einen Grund, warum ich meine Pflege auf Reisen vernachlässige: All das Zeug ist so groß, schwer und Ballast in der Kulturtasche!
Trotzdem kann ich mir es vor allem jetzt als Dauerreisende nicht mehr leisten, auf ein regelmäßiges Beauty-Programm zu verzichten. Ich werde ja auch nicht jünger… ähem.
Also habe ich ein paar Tricks entwickelt, um das Gepäckproblem zu umschiffen.

Superleichte Tubes für alle Flüssigkeiten

In Seattle habe ich diese kleinen Goldstücke für meine Kulturtasche entdeckt: die Go Toobs. Bisher habe ich immer die Plastikversion von dm benutzt, die bei zwei bis drei Wochen auf völlig ausreichend sind. Nach zwei bis drei Monaten aber bekommen sie langsam Risse vom Quetschen und laufen dann aus.
Durch das Silikon in den Go Toobs kann das nicht mehr passieren und ich bekomme auch wirklich den letzten Tropfen aus den Tubes gequetscht, bevor ich sie auffüllen muss.
Die Öffnung ist komplett abschraubbar, was das Auffüllen erleichtert, und sie sind durch den Rücklaufschutz auch auslaufsicher. Die neuen Helden in meiner Kulturtasche!

Einmal-Produkte

Gerade bei Produkten, die ich selten brauche (z. B. Haarkur) kaufe ich Einmalpackungen. Braucht nicht viel Platz und ist schnell wieder raus dem Gepäck.

Probe- oder Reisegrößen

Sonnenmilch nehme ich anfangs nur in den kleinen dm-Größen mit. Es mag vielleicht teurer sein, sie unterwegs nach zu kaufen, aber das ist es mir dann wert – besser, als 200ml oder mehr in der Kulturtasche mitzuschleppen.
Unterwegs fülle ich meinen Vorrat dann auf und frage andere Mädels, ob sie sich eine neue Flasche Sonnenmilch teilen wollen.

Mini-Döschen

Gerade für solche Produkte wie getönte Tagescreme oder Gesichtscreme nehme ich in heiße Länder nur ein kleines Probedöschen mit.
Meist ist es für Gesichtscreme sowieso viel zu heiß und die getönte Tagescreme reicht mir bei einer schönen Bräune dann auch als leichte Abdeckcreme für kleine Rötungen oder Ähnliches.
Den Kosmetikkoffer solltest Du sowieso zu Hause lassen!

UND… WIE LÄUFT DAS MIT MEINER WÄSCHE?

Ich habe mir vor meiner Reise darüber nie Gedanken gemacht, allerdings vermutlich mehr aus Naivität als aus anderen Gründen. Aber die Frage erreicht mich häufig: Wie wasche und trockne ich meine Wäsche unterwegs?

Tatsächlich gibt es dafür mehrere Möglichkeiten und sie unterscheiden sich von Land zu Land und von Unterkunftsart zu Unterkunftsart.

Waschmaschinen und Trockner im Hostel

In Australien war dies die logischste Möglichkeit und es hat sich herausgestellt, dass in westlichen Ländern fast jedes Hostel Waschmaschinen und dann in den meisten Fällen auch Trockner zur Verfügung stellt.
Hierbei werden an der Rezeption meist Einmal-Portionen Waschpulver und dazu entweder Waschmarken für die Waschmaschinen verkauft – oder Du brauchst Münzen zum Bedienen der Maschinen. Es lohnt sich also in Hostels immer, das Kleingeld für den unvermeidlichen Waschtag zu sammeln.

Ich habe schon in Hostels gewohnt, in denen das Waschen kostenlos ist – und habe auch schon aufs Waschen verzichtet, weil es pro Waschgang vier Euro kosten sollte. Bis zu zwei oder drei Euro lasse ich noch mit mir reden, danach versuche ich, auf die nächste Gelegenheit zu warten.

Waschsalons

In den wenigen Situationen, in denen mein Hostel keine Waschmaschine hatte (z. B. in Toronto und Tel Aviv), oder bei AirBnB Zimmern ohne Waschmöglichkeit verbringe ich dann schon mal einen Vor- oder Nachmittag in einem Waschsalon.

Hier kannst Du meist auch Waschpulver kaufen und Automaten zum Geldwechseln nutzen, wenn es keine Rezeption gibt, an der Du das tun kannst. Du solltest Deine Wäsche hier nicht unbedingt unbeaufsichtigt lassen, deshalb nehme ich mir meist ein Buch oder meinen Laptop mit und mache es mir dort eine Weile gemütlich.

Wäschereien

In Südostasien oder Mittel- und Südamerika ist es schon üblicher, seine Wäsche abzugeben. Dabei fragst Du einfach an der Rezeption Deiner Unterkunft nach, wo der nächste Laundry Service zu finden ist (oft erledigt das sogar die Rezeption für Dich), und gibst Deine Wäsche dort ab. Das wird meist nach Kilopreis berechnet und in der Regel kannst Du Deine Wäsche am selben oder am folgenden Tag schon wieder abholen.

Ich werde nicht lügen: Mir ist es schon ein paar Mal passiert, dass eines meiner T-Shirts verschwunden und dafür ein anderes in meiner Wäsche aufgetaucht ist. Oder dass aus drei Sockenpaaren plötzlich nur noch zwei wurden. Ich glaube nicht, dass das Absicht ist (meist hat jemand anderes dann drei statt zwei), und nachzuforschen ist selten von Erfolg gekrönt. Solltest Du also ein absolutes Lieblingsstück nicht weggeben wollen, kannst Du immer noch auf die Handwäsche zurückgreifen.

Handwäsche

Anfangs hatte ich immer eine Reisegrößen-Tube REI dabei, habe es aber schnell aufgebraucht und nicht wieder aufgefüllt. Shampoo erfüllt den gleichen Zweck und ist sowieso immer in meinem Vorrat.

Eine murmelgroße Portion davon in ein Waschbecken mit warmem Wasser, die Kleidung eine Weile einweichen lassen und dann ausspülen. Fertig.

Trocknen ohne Trockner

Danach hast Du allerdings das Problem der nassen Wäsche und die meisten Hostels sehen es nicht gerne, wenn quer durchs Zimmer mehrere Wäscheleinen gespannt werden. Auch wenn ich das tatsächlich schon erlebt habe.

Deshalb würde ich Dir Handwäsche nur dann empfehlen, wenn Du in heißen Ländern bist. Hier kannst Du auch mal ein Kleidungsstück über einen Tag an Deinem Hostelbett trocknen lassen. Wenn Du einen Fön dabei hast (oder leihen kannst), kannst Du mit ihm Notfallunterwäsche oder Socken am nächsten Morgen auch mal den letzten Trockenschliff verpassen.

Kannst Du das wirklich?

„Das Leben schrumpft und wächst proportional zur eigenen Courage."
- Anaïs Nin -

HEIMWEH - DAS GEFÜRCHTETE MONSTER UNTER DEM BETT

Gerade auf Langzeitreisen kommt manchmal das Heimweh und vielleicht sogar der Punkt, an dem Du alles hinschmeißen möchtest. Die beste Freundin, mit der Du die Reise begonnen hast, geht ihren eigenen Weg, Ihr habt euch zerstritten oder festgestellt, dass es gar nicht so einfach ist, 24 Stunden kompatibel zu sein.

Dann sitzt Du plötzlich an einem etwas abgelegeneren Ort in einem Hostel fest, das nach Party nur so schreit, furchtbar ungemütlich ist und in dem Du einfach niemanden kennenlernst, weil alle so anders sind als Du. Und das Heimweh frisst Dich auf.

Da blinkt und glänzt der Buchungsbutton für Deinen Rückflug vor Dir. Und alles, was Du willst, ist auf „Absenden“ drücken!

An diesem Punkt kommst Du vielleicht auch einmal. Genau darauf bereitet Dich der folgende Abschnitt vor, sodass Du genau weißt, was Du dagegen tun kannst.

Schritt 1 der Heimweh-Bekämpfung: Raus da!

Du sitzt auf Deinem Hostelbett und häufst die Taschentücher neben Dir an? Schluss damit! Als erstes musst Du dringend den Ort wechseln. Wie extrem Du dabei vorgehen willst, ist völlig Dir überlassen. Geh raus spazieren, in die nächste Stadt oder pack Deinen Rucksack und wechsel die Unterkunft. Du hast schon mehrere Nächte gebucht? Scheiß drauf. Wenn Du jetzt zurückfliegen würdest, würdest Du die auch verschenken – und willst Du Dir das wirklich noch mehrere Tage antun? Nein!

Also: Sachen gepackt und auf zum nächsten Ort!

Sprich mit dem Besitzer oder der Rezeption und erklär die Lage. Worst Case? Das Geld ist futsch. Es ist nur Geld!

Best Case? Sie helfen Dir sogar, über Dein Heimweh hinwegzukommen. Wer um Hilfe bittet, dem wird in den meisten Fällen sogar geholfen…

Schritt 2 der Heimweh-Bekämpfung: Sei egoistisch und verschwenderisch!

Heute bist DU dran! Was machst Du am liebsten und was zaubert Dir in der Heimat immer ein Lächeln aufs Gesicht? Geh shoppen, kauf Dir ein neues Kleidungsstück, Schmuck, Schuhe… was auch immer. Geh ins Kino und schau Dir eine Komödie an (Keine Dramen! Die stehen auf der Tabu-Liste) oder gönn Dir in einem Restaurant mal ein richtig leckeres Essen. Starbucks, Cotton on, Häagen-Dazs, Fast Food. Heute sind sie für Dich erlaubt! Schau nicht auf den Preis! Nicht heute! Es sei denn, es wird dreistellig – dann vielleicht…
Buche einen Surf-Tageskurs, eine Yoga-Stunde oder verbring einen Tag im Fitnessstudio. Bring Dich in Bewegung! Und falls es nichts davon um Dich herum gibt: Kopfhörer auf die Ohren, Deine Lieblingsmusik und tanz es raus! Wenn es tatsächlich so einsam ist, wo Du bist, sieht Dich auch niemand dabei!

Schritt 3 der Heimweh-Bekämpfung: Bring Dich zum Lachen!

Lachen ist die beste Medizin. Schon mal gehört? Wer nicht! Und das Beste daran: Es ist wahr! Dein Körper ist einfach zu betrügen. Lachst Du, denkt er, Du bist glücklich, und schüttet Glückshormone aus. Ja, das funktioniert sogar bei gefälschtem Lachen, aber soweit musst Du gar nicht gehen. Welches ist deine Lieblings-Comedy-Serie der Welt? Der lustigste Film der Welt? Anschauen! Setz Dich vor Deinen Laptop, ins Internetcafé oder an den Hostel-PC und schau Dir mindestens drei Folgen davon an.

Ein sehr gutes Argument übrigens, immer seinen Laptop oder Tablet mit ein paar Folgen oder dem einen Film bestückt zu halten. Meine Gute-Laune-Garantie? Ein Zusammenschnitt aller Versprecher in der Serie "Friends" Ich schmeiß mich weg dabei (funktioniert allerdings nur, wenn Du die Serie gut kennst und magst). Solche Zusammenschnitte funktioniert aber bei so gut wie jeder Serie, um Dir ein Schmunzeln abzuringen.
Wenn Du kein Serien-Fan bist, schau Dir Stand-Up Shows von Comedians an. Ellen DeGeneres, Jeff Dunham, Michael Mittermeier… was auch immer für Dich wirkt!

Schritt 4 der Heimweh-Bekämpfung: Such Gleichgesinnte!

Nein, Du bist nicht einsam. Es fühlt sich zwar vielleicht gerade so an, aber ich bin mir sicher: Um Dich herum ist mindestens noch eine weitere Person, die gerade alleine ist. Such sie! Setz Dich in die Hostelküche zu der einen Person, die auch alleine sitzt. Geh ins Café und tu das Gleiche. Ja, das mag vielleicht Überwindung kosten, aber wenn Du aus diesem schwarzen Loch Heimweh krabbeln willst, dann musst Du da mal über Deinen Schatten springen.
Ein "Hallo, darf ich mich zu Dir setzen?" schaffst Du und danach ergibt sich die Unterhaltung oft von selbst. Und wer weiß, vielleicht hast Du nach einer halben Stunde Small Talk schon ein wenig vergessen, wie einsam Du eben warst?! Es ist nicht das Allheilmittel gegen das Heimweh – aber es bringt Dich erst einmal hinter dem Taschentücherberg hervor und lenkt Dich ab!

Schritt 5 der Heimweh-Bekämpfung: Denk an Deinen Traum!

Du reist gerade, oder? Du bist in dem Land, von dem Du schon wer weiß wie lange geträumt hast?

Du lebst gerade Deinen Traum! Willst Du das wirklich aufgeben? Wegen einer Welle von Heimweh, die mit sehr hoher Wahrscheinlichkeit spätestens in ein paar Tagen wieder vorbei sein wird? Überleg es Dir sehr, sehr gut, bevor Du auf den „Senden"-Button drückst.

Schritt 6 der Heimweh-Bekämpfung: Vertreib die graue Wolke!

Alles sieht scheiße aus, wenn man Heimweh hat. Aber ist es das wirklich? Hattest Du seit Deiner Ankunft wirklich nur eine ätzende Zeit? Keinerlei Glücksgefühle?
Dann ist es vielleicht wirklich Zeit, nach Hause zu fliegen.
Andernfalls vertreib die graue Wolke, die Dein Heimweh über Dich legt. Du weißt doch eigentlich ganz genau, dass das nur eine Phase ist. Das Wichtigste ist also jetzt: Da durchzukommen!

Also schließ Deals mit Dir selbst.
Setz Dir selbst ein Limit, sodass es erträglich ist. Du wirst nicht jetzt sofort den Rückflug buchen, aber Du versprichst Dir selbst: Wenn Du in einer Woche immer noch Heimweh hast, dann gibst Du Dir die Erlaubnis zurückzufliegen.
Und wenn das noch zu lange und unerträglich wirkt, dann eben in drei Tagen. In keinem Fall solltest Du jetzt eine Entscheidung treffen. Denn Du wirst sie bereuen, das kann ich Dir fast garantieren.

In traurigen Momenten und bei Heimweh treffen wir selten die besten Entscheidungen – also vertage sie. Auf morgen. Auf übermorgen. Auf nächste Woche.
Und dann sehen wir weiter!

UNSCHLAGBARE ARGUMENTE FÜR ÄNGSTLICHE ELTERN, FREUNDE UND FAMILIE!

„Bist Du sicher, dass Du wirklich eine Reise ganz alleine machen willst? Und dann ausgerechnet in Land X – darüber habe ich gerade erst wieder einen ganz schlimmen Artikel gelesen. Du bist doch gar nicht der Typ dafür, alleine zu sein. Du wirst bestimmt furchtbar Heimweh bekommen…" Kommen Dir Teile davon bekannt vor? Oder vielleicht sogar alles?

Unsere Freunde und unsere Familie sollten eigentlich unser Rückenwind sein. Leider entpuppen sie sich oft als unser stärkster Gegenwind.
Sie meinen es vielleicht gut, aber statt uns zu bestärken, nehmen sie uns manchmal das kleine bisschen Mut, das wir mühsam zusammengekratzt haben.

Lass Dich davon nicht unterkriegen. Es gibt nur zwei Gründe dafür, dass Dich Menschen von Deinem Weg abbringen wollen und keiner von beiden ist gut genug, Dich wirklich von Deiner Reise abhalten zu lassen:

Sie meinen es gut und sie haben einfach Angst um Dich. Vermutlich sind sie selbst noch nie aus Europa herausgekommen und hatten nie den Drang, länger als zwei Wochen am Stück zu verreisen. Der Spruch „Zuhause ist es doch am schönsten" könnte auch gut über ihrer Eingangstür hängen.

Oder sie würden solch eine Reise eigentlich auch sehr gerne machen, würden sich das aber nie eingestehen – oder wissen es vielleicht nicht einmal. Sie sind neidisch darauf, dass Du es tatsächlich anpackst und die Welt eroberst.

Letztere solltest Du einfach komplett ignorieren. Speise sie mit einem „Das wird schon!“ ab und wechsel das Thema. Jedes weitere Wort wäre Verschwendung und sie sind keinen einzigen kleinen Zweifel wert, den sie in Dir auslösen.

Was die Besorgten und (Über-)Ängstlichen angeht, so empfehle ich Dir zwei Techniken, um ihnen und Dir zu helfen, ohne Dich selbst total verunsichern zu lassen:

Zunächst gib ihnen Zeit! Nachdem Du die Bombe auf sie fallen lässt, dass Du in die Welt hinausziehen willst, in der es von Haien, bösen Menschen und giftigem Essen nur so wimmelt, werden sie erst einmal in Schock verfallen. Das ist völlig normal.

Überleg Dir nur einmal, wie lange Du für Deinen Entschluss gebraucht hast und wie lange Du darüber nachgedacht hast, bis es so weit kam. Diese Zeit hatte Deine Familie nicht und sie müssen sich genauso an diesen Gedanken gewöhnen wie Du.
Verwechsel also eine negative und entmutigende Reaktion nicht mit dem, was es wirklich ist: ein Schock. Sie stehen unter Schock.
Um sich davon zu erholen, brauchen sie einfach etwas Zeit. Es ist nicht so, dass sie Dir nicht vertrauen oder Dir diese Reise nicht zutrauen oder gönnen – sie müssen nur erst einmal mit der ersten Welle purer Angst um Dich zurechtkommen.

Wenn diese erste Phase vorübergeht und Du langsam das Gefühl bekommst, sie beruhigen sich etwas (das merkst Du vor allem daran, dass die ersten vorsichtigen, unaufgeregten Nachfragen zu Deinen Plänen kommen), dann beginnst Du mit Phase zwei…

Überzeuge sie davon, dass Du bereit und fähig zu dieser Reise bist, genauso wie Du Dich selbst davon überzeugt hast: mit Wissen, Recherche und Planung.
Zeig ihnen, dass Du Dich lange und intensiv vorbereitet hast. Je deutlicher sie sehen, dass Du weißt, was Du tust, und Dich nicht naiv und kopflos in ein Abenteuer stürzt, desto mehr Vertrauen werden sie in Deinen Plan bekommen und sich beruhigen.
Gib ihnen Dein Wissen weiter, entkräfte ihre Ängste und Argumente mit den Gegenargumenten, die auch Du anfangs für Dich gesammelt hast.

Eine junge Leserin schickte mir mal eine E-Mail, in der sie schrieb, ihre Mutter hätte sehr viel Angst um sie gehabt, als sie ihr von ihren Reiseplänen erzählt hätte. Also hat sie ihren Computer ausgepackt und ihr meinen Blog gezeigt und gesagt, es gibt viele andere Frauen da draußen, die auch alleine reisen, auf sich aufpassen und denen es gut geht, also könnte sie das auch.

Zeig den Menschen, dass das Einzige, was wirklich anderswo gefährlicher ist als Zuhause, schlechte Vorbereitung, Naivität und Unachtsamkeit sind, und dass Du in diesen Punkten gut gewappnet bist.
Dem kann kaum ein Gegenargument standhalten.

Und sollten danach noch weitere „aber“ folgen, nutz das Totschlagargument: Dass Du, egal was passiert, auch jederzeit einfach wieder zurückkommen kannst. Einen Tag, eine Woche oder einen Monat später. Rückflugtickets sind schnell gebucht.
Aber sie sollten sich lieber nicht darauf verlassen, dass das passiert…

WIE DU DICH ANPASST, WENN DU NICHT REINPASST…

Kaum etwas ist für uns beim ersten Besuch so fremdartig wie die muslimische Kultur.

Verschleierte Frauen, von denen man manchmal nicht einmal mehr die Augen sieht, Gebetsgesänge nachts, mittags und abends, und Blicke, an die man sich erst einmal (manchmal mit einem Schlucken) gewöhnen muss.

Nicht jedes Land ist gleich und nicht überall wird der Glaube gleich stark ausgelebt oder von Dir erwartet, Dich anzupassen. Aber alleine aus Respekt solltest Du vor einer Reise gut recherchieren, was von Dir als Gast und Reisende erwartet wird, und ob Du gewillt bist, Einschränkungen zu akzeptieren.

Falls nicht, würde ich Dir empfehlen ein anderes Land zu bereisen.

Ich bin durch ein paar stark christliche Gebiete, jüdische Gebiete und muslimische Länder gereist und habe stets versucht, rücksichtsvoll zu sein. Aber gerade, wenn Du beginnst zu reisen, weißt Du vielleicht gar nicht, was Du alles in anderen Kulturen beachten solltest, um niemandem auf die Füße zu treten.

Während in Thailand von Dir erwartet wird, dass Du vor dem Betreten eines Hauses die Schuhe ausziehst, wird es in Laos als höchst unmoralisch angesehen, als Frau einem Mönch auf der Straße direkt ins Gesicht zu schauen oder sich in einem öffentlichen Bus neben ihn zu setzen.
In Angkor Wat, der heiligen Städte Kambodschas, in kurzen Hosen und Trägershirts herumzulaufen, wird als

genauso unangemessen betrachtet, wie den Petersdom im Vatikan schulterfrei und mit einem Hut zu betreten.

In muslimischen Ländern wird hingegen stark darauf geachtet, keine weiblichen Reize zu zeigen und im Gegensatz zu unserer Kultur bedeuten weibliche Reize oft schon offenes Haar und blanke Haut. Egal, an welchen Körperstellen.
Genau dieses Fremdartige und vor allem die negativen Schlagzeilen und Nachrichten lassen uns gern zurückschrecken vor so manchem spannenden und interessanten Land.

Lass das nicht zu!

Sammel ein wenig Reiseerfahrung in „leichter" zu bereisenden Ländern und Orten und dann setz die spannenden, etwas anspruchsvolleren Ziele auf Deine Wunschliste.

Denn ganz ehrlich: Die unzähligen Frauen, die alleine verreisen, unglaubliche Erinnerungen sammeln und dann gesund und mit einem strahlenden Grinsen zurück nach Hause kommen, die kommen nicht in die Nachrichten.
Es sind die Einzelfälle, die dramatisch und tragisch sind.

Das solltest Du also differenzieren (und kannst es auch wieder sehr gut als Argument für überängstliche Familienmitglieder nutzen) und Dich viel mehr mit den Verhaltenstipps beschäftigen, die Du neben den gängigen Sicherheitsregeln, die wir nun schon ausgiebig durchgegangen sind, noch beachten solltest…

Die Fragen dazu stapeln sich sofort in unseren Köpfen:

Muss ich ein Kopftuch oder sogar eine Burka tragen? Sollte

ich einen Ring am Ringfinger tragen und einen Ehemann erfinden? Werde ich definitiv gestalked, weil ich die einzige blonde Frau dort bin?

Ja, in manchen Ländern vielleicht schon. Aber genau wie alle anderen Religionen gibt es auch in muslimischen Kulturen starke Abstufungen. Und genauso wie sich Italien von New York City unterscheidet, tun das auch arabisch geprägte Länder.
In Ägypten ist es kein Spaß, als blonde Frau alleine zu reisen, da Du mehr Aufmerksamkeit bekommen wirst, als Dir lieb ist. Das hat schon so einige weibliche Reisende verschreckt und zu Schwüren hingerissen, nie wiederzukommen.

In Malaysia und Indonesien sind die Einheimischen sehr offen und die meisten Frauen tragen selbst kein Kopftuch. Hier hatte ich nie Probleme und wurde auch die meiste Zeit (abgesehen von den Versuchen, mir etwas zu verkaufen) in Ruhe gelassen.

Gerade in Indonesien sind die Menschen eher neugierig als aufdringlich und wollen wissen, wieso eine Frau alleine und unverheiratet reist.
Diese Frage wurde mir nach drei Monaten und endlosen, ergebnislosen Diskussionen dann zu ermüdend und so hatte ich fortan Paul, der zu Hause auf mich wartete – entweder wegen seiner Flugangst oder weil er keinen Urlaub bekommen hatte.

Nein, Du bist nicht gezwungen, einen Ring zu tragen oder einen Ehemann zu erfinden, und viele Frauen finden das lächerlich. Aber es bleibt ganz Dir überlassen, Dich jedes Mal zu erklären und 20 Minuten lang die gleiche Frage gestellt zu bekommen („Aber, warum??“) oder das Thema in zwei Minuten abzuhaken und Paul vorzuschieben (Paul ist übrigens sehr flexibel, scheu Dich also nicht, ihn auch als Ausrede zu nutzen!).

Was Du als oberstes Gebot beachten solltest, ist die Bitte um nicht zu freizügige Kleidung.

Dieses Gebot gilt rein aus Respekt wie schon gesagt auch an heiligen Orten, religiösen Stätten und eben in muslimischen Kulturen.

Damit ist in der Regel gemeint: kein Dekolleté, keine unbedeckten Schultern (wobei ärmellose Shirts mit etwas breiteren Trägern in Indonesien und Malaysia zum Beispiel in Ordnung sind), keine figurbetonte Kleidung und kurze Hosen oder Röcke, die bestenfalls bis zum Knie gehen. Du tust allen einen Gefallen, wenn Du lange Röcke und bequeme, weite Hosen trägst.

Der nächste Schritt ist, Kleidung zu tragen, die über Ellenbogen und Knie geht. In Jordanien und palästinensischen Gegenden bin ich sogar soweit gegangen, keine offenen Schuhe zu tragen (sondern eben Turnschuhe oder Sneakers) und meine Oberteile mit Ärmeln bis zu den Handgelenken. Ich habe mich so wohler gefühlt und habe einfach an den dort lebenden Frauen gesehen, dass das die gängige Kleidungsweise ist.

Damit kommen wir gleich zum besten Punkt, wenn Du nicht weißt, wie Du Dich anpassen sollst: Schau Dir das Verhalten und Aussehen der einheimischen Frauen ab.
Natürlich bin ich in Jordanien nicht soweit gegangen, eine Burka zu tragen, aber es war klar, dass zu viel Haut definitiv nicht erwünscht ist.

Trotzdem wissen die Einheimischen natürlich auf den ersten Blick, dass Du eine Touristin bist, und werden Dir kleine Vergehen nicht übelnehmen. Aber je mehr Du ihnen aus Respekt entgegenkommst, desto mehr werden sie Dich auch respektieren.

Versuch, Dich vorher zu informieren und frag nach, was gängig oder angemessen ist. Oder setz Dich an Deinem ersten Tag einfach mal auf eine Bank in einer belebten Ecke und beobachte die Menschen.

Ich war vor meiner Reise nach Jordanien mittlerweile so daran gewöhnt, öffentliche Verkehrsmittel zu nutzen, dass ich in Petra gar nicht mehr darüber nachgedacht habe, anders zu reisen.

Als ich mir also ein Ticket für den Mini-Van nach Amann gekauft hatte und schließlich abgeholt wurde, war ich in dem gesamten Bus die einzige Frau. Und noch dazu eine Westliche.
Mir wurde ein Einzelplatz ganz vorne zugewiesen und in den kurzen Stopps hielt ich mich respektvoll abseits, da ich unsicher war, wie ich mich nun verhalten sollte.
Ich wurde weitestgehend ignoriert (vermutlich waren die ebenso unsicher wie ich) und kam sicher in Amann an, aber empfehlen würde ich das nicht unbedingt.

Such also in streng muslimischen Gegenden lieber eine Gruppe, der Du Dich anschließen kannst, oder nimm Dir einen Privatfahrer. Lass dabei jemanden wissen, mit wem Du unterwegs bist (lass Dich also z.B. an der Rezeption abholen oder bitte sogar darum, dass der Name und die Telefonnummer des Fahrers dort hinterlegt werden) oder frag in verschiedenen Unterkünften, ob jemand in die gleiche Richtung will und Ihr euch ein Taxi teilt. Die sind manchmal auch für Langstrecken gar nicht so teuer, je nach Land.

Wenn Du irgendwo warten musst oder in größeren öffentlichen Bussen reist, bleib bei einheimischen Frauen und setz Dich auch bewusst in eine Gruppe oder zu einer Frau. Damit fühlst Du Dich wohler und kommst vielleicht sogar ins Gespräch.

In Indonesien wurden wir auf einem Boot bereits von einer sehr selbstbewussten Frau angesprochen. Sie sorgte dafür, dass wir am Hafen nicht belästigt wurden, und nahm uns einfach in ihrem Auto, das mit Fahrer bereits auf sie wartete, mit in die nächste Stadt, ohne eine Gegenleistung zu erwarten.
Sie war eine beeindruckende Frau und ist mir bis heute im Gedächtnis geblieben. Solche Erlebnisse und Bekanntschaften passieren Dir nicht, wenn Du immer nur in klassischen Touristenbussen oder -booten fährst.

Über Schlafsäle nur für Frauen brauchst Du Dir übrigens in muslimischen Ländern keine Sorgen machen – das versteht sich von selbst! Aber in Ländern mit strenger Kultur und starkem Glauben würde ich immer vorab Unterkünfte buchen um unangenehme Überraschungen zu vermeiden.

Vielleicht kommt Dir das alles viel zu exotisch vor, zu beängstigend und zu waghalsig. Aber ich sage ja auch nicht, Du sollst damit anfangen. Aber wenn Du ein wenig so tickst wie ich, dann wird Dich nach einer ganzen Weile des Reisens genau dieses Exotische langsam anziehen und dann bist Du froh um sämtliche Tipps.

WIE VIEL ENGLISCH BRAUCHE ICH WIRKLICH?

Ganz oft erreichen mich Nachrichten, in denen ich gefragt werde, ob es sinnvoll ist, am Anfang einer Langzeitreise doch lieber erst einmal einen Englischkurs zu machen, oder woher Du weißt, ob Dein Englisch gut genug für einen Job im Ausland ist.

Ist es das?

Meine Antwort jedes Mal? Der beste Englischkurs ist meiner Meinung nach, in einem Land, dessen Landessprache Englisch ist, zu reisen, zu arbeiten und zu wohnen.
Dabei spielt es meiner Meinung nach keine Rolle, ob Du Dir eine Wohnung oder ein Hostelzimmer suchst, wenn ich von "wohnen" spreche.
Hostels haben den Vorteil, dass Du dort mit noch mehr Menschen in Kontakt kommst. Aber versuch zu vermeiden, Dich nur mit Deutschen zu umgeben, denn es ist oft viel zu verlockend, doch wieder in die eigene Sprache zu verfallen…

Ist ein Englischkurs die Lösung?

Solange Du nicht bei Null anfängst, finde ich es eine sehr teure und teilweise unnötige Investition. Auch wenn es natürlich vor Ort eine tolle Möglichkeit ist, schon mal neue Leute kennenzulernen.
Mein Englisch war grottenschlecht, als ich vor dreieinhalb Jahren nach Australien gegangen bin. Und in der ersten Woche hatte ich eine regelrechte Blockade, Englisch zu sprechen, weil mir mein Gestammele furchtbar peinlich war.

Innerhalb von vier Wochen hatte ich diese Hemmungen abgelegt, und nach sechs Monaten und meinem ersten Job war mein Englisch fließend. Noch nicht so, als dass ich mich nicht als Deutsche geoutet hätte, aber gut genug, um in jeder Unterhaltung mithalten zu können.

Heute werde ich nach einem Abend mit vielen Gesprächen oft ohne Wimpernzucken gefragt, woher in den USA ich denn eigentlich komme. Ich weiß noch nicht, ob ich es so toll finde, dass ich scheinbar einen amerikanischen Akzent angenommen habe, aber die Tatsache, nicht mehr als Deutsche, sondern als Muttersprachlerin wahrgenommen zu werden, ist definitiv ein Kompliment!

Wie kommst Du also näher an den Punkt, Dich nicht sofort durch Deine Sprachfehler als Deutsche zu outen?

Ein paar einfache Tipps und Tricks, um Dein Englisch schon zu Hause etwas zu verbessern:

Finde heraus, welcher Lerntyp Du bist, und nutze es!

Bist Du eine visuelle Lernerin? Dann lies englische Bücher! Und falls Du dabei noch Schwierigkeiten hast, hol Dir die bilingualen Reclam-Heftchen mit der englischen Version auf der einen und der deutschen Version des Textes auf der anderen Seite.Lernst Du besser durch Hören? Hol Dir Audiobooks!

Es geht nicht so sehr darum, alles hundertprozentig zu verstehen, aber je mehr Du die Sprache hörst und um Dich hast, desto besser wird Deine eigenes Englisch werden. Vertrau mir!Willst Du Dich beim Englischlernen nicht so sehr anstrengen müssen? Vor allem nach einem langen Tag in der Uni oder auf der Arbeit? Dann schau Dir amerikanische Serien an. Comedys, Drama, Action… was auch immer Dir gefällt. Aber ganz wichtig: Steig bei Folge 1 der ersten Staffel einer Serie ein (am besten Deiner Lieblingsserie), die Du auf Deutsch bereits eine Weile geschaut hast. So gewöhnst Du Dich an die fremden Stimmen und die Dialekte und bist nicht darauf angewiesen, sofort alles verstehen zu müssen, weil Du den Inhalt ja bereits kennst.

Finde englische Stammtische!

Such über Facebook oder Couchsurfing Gruppen, die sich regelmäßig abends treffen, um einfach nur zu quatschen. Es mag anfangs ein wenig ungewohnt sein und vielleicht musst Du auch Deine eigene Hemmschwelle überwinden, Dich an einen Tisch mit fremden Menschen zu setzen und in einer anderen Sprache zu sprechen. Aber in den meisten Fällen sitzen da noch mindestens zwei andere, denen es ganz genauso geht. Nichts trainiert Dich besser darin, Englisch zu sprechen, als Englisch zu sprechen!

Such Dir ein Sprachtandem!

Es gibt mehr Menschen als nur Dich, die gerne ihre Sprachkenntnisse aufpolieren möchten, und so gibt es auch in jeder Stadt englische Muttersprachler, die gern ihr Deutsch verbessern möchten.Finde so jemanden und triff Dich regelmäßig mit ihm oder ihr. Dann sprecht Ihr die Hälfte des Treffens Englisch und Du wirst verbessert, und die andere Hälfte Deutsch und Du bist in der Lehrerrolle. So kommt sich keiner unterlegen vor und beide profitieren!
Das alles sind jetzt keine großen Neuerfindungen, aber es hat mir geholfen, mein Englisch zu verbessern und auch zwischen zwei Reisen verhindert, dass es wieder einrostet. Vielleicht ist ja auch der eine oder andere Tipp für Dich dabei.

Etwas, das dann auch mir den Feinschliff verpasst hat, ist, ganz bewusst darauf zu achten (oder sich verbessern zu lassen), welche klassischen Fehler man als Deutsche in der englischen Sprache macht, und diese dann auszumerzen.

Mein bester Tipp: Frag danach! Bitte Muttersprachler darum, nicht lächelnd darüber hinwegzusehen, wenn Du Fehler machst oder etwas komisch ausdrückst, sondern sag ihnen, sie sollen Dich verbessern und Dir erklären, was genau und warum Du etwas falsch gesagt hast! Das ist Gold wert!

Klassische Fehler, die Deutsche in der englischen Sprache machen...

Im Englischen gibt es keine Mehrzahl für das Wort "information". "Informations" existiert also gar nicht. Es heißt also zum Beispiel immer "I need some information for my road trip"

Im Britischen Englischen setzt man hinter Mr und Dr keinen Punkt. Der Punkt würde bedeuten, dass am Ende des Wortes Buchstaben fehlen. Da aber das -r der letzte Buchstabe im Wort ist, fehlt zwar im Wort Dr etwas, aber eben nicht am Ende. Nicht hundertprozentig logisch, ist aber eben so…

Etwas, das ich lange nicht verstanden habe (und mit der Logik tue ich mich immer noch schwer), aber nun einfach akzeptiere, ist: I ride a bike, I drive a car, I take a ride in a friend's car… "ride" bedeutet in einem Auto, dass Du mitgefahren, aber nicht selbst gefahren bist. Beim Fahrrad heißt es immer "ride". "I drive my bike" existiert also nicht.

"To comment something" ist grammatikalisch falsch, im

Englischen sagt man immer “to comment on something”.

Das Wort “headquarter” existiert im Englischen nicht im Singular. Hier ist es genau umgekehrt zu „information“, dieses Wort gibt es ausschließlich in der Mehrzahl “headquarters”. Das verschusseln wir Deutsche aber gern.

Wir kochen im Deutschen deutlich mehr, als die Engländer es tun. “To cook coffee” ist genauso falsch wie “to cook water”. “You make coffee, you boil water”.

Bitte sag niemals “I can’t find my handy”, wenn Du nicht einen Engländer krampfen sehen möchtest. „Handy“ ist ein furchtbar eingedeutschtes Wort, das auch noch falsch eingedeutscht wurde. Es existiert im Englischen nicht in Verbindung mit dem Mobiltelefon. Ebenso wie smsen als Verb nicht existiert. Richtig: “I’ll text you later (with my mobile (phone)).” SMS ist lediglich der Dienst, nicht das Verb.

Im Englischen wird häufig das Verb “to get” eingesetzt, wenn es für uns nicht sofort ersichtlich ist. Wir stehen morgens auf, im Englischen “to get up in the morning” nicht “to stand up in the morning”. Umgekehrt verwirren sie uns dann wieder, wenn es nicht heißt “This girl is getting a baby”, sondern “she’s having a baby”.

Vorsicht! “Nice to meet you!” sagt man nur beim allerersten Treffen mit einem Menschen, wenn man ihn vorher noch nicht kannte. Danach heißt es immer “Nice to see you (again)”. Daher macht es Sinn, am Ende eines Kennenlernens zu sagen “It was nice meeting you, I hope to see you again.” Jede, die „Eat, Pray, Love“ in Originalversion gesehen hat, wusste das nun schon…

Und noch ein fieser Haken: “How do you do?” wird ebenfalls nur benutzt, wenn Du jemanden ganz neu kennenlernst. Es bedeutet ähnliches wie “Pleased to meet you”. Danach bietet sich eher die Floskel “How are you (doing)?” an.
Es gibt unzählige Fallen, in die man im Englischen tappen kann, und glaub mir: Ich bin in fast jede mindestens zweimal getreten, daher weiß ich das.

Etwas, das mich in der Feinarbeit am Englischen deutlich weiter gebracht hat, war eine Liste der "Common Mistakes in English" (Link dazu in den Ressourcen-Seiten). Nimm Dir davon jeden Tag zehn Punkte vor und versuch, sie zu verinnerlichen!

DURCHBRICH DIE SPRACHBARRIEREN!

Ich weiß noch, wie verzweifelt ich in Vietnam gestanden habe, und mich öfter mit Händen und Füßen als mit Worten verständigen musste.
Es kann nervenzehrend und sogar nervtötend sein, sich nicht verständigen zu können.

Aber es gibt ein paar Tricks, ein paar Tools und ein paar Wörter, die Dich vor der Sprachlosigkeit bewahren und Dich durch die Welt bringen.
Fang damit an, Dir einen kleinen Wortschatz anzueignen. Die meisten Menschen sind sofort zugänglicher, wenn sie feststellen, dass Du zumindest versuchst, ihre Sprache zu sprechen, und in manchen Ländern kannst Du den Einheimischen sogar keine größere Freude als genau damit machen.
Dabei geht es gar nicht darum, dass Du die Sprache fließend sprichst, sondern lediglich darum, dass Du Dein Bemühen zeigst.

Die folgenden zehn landessprachlichen Floskeln solltest Du Dir also vor der Reise in ein neues Land ergooglen oder Dir in den ersten Tagen beibringen lassen. Mach Dir ruhig einen kleinen Spickzettel und steck ihn ein, wenn Du unterwegs bist.

Und vielleicht stellst Du ja danach sogar fest, dass Dir eine Sprache liegt und Du schneller etwas aufschnappst, wenn Du schon ein paar Grundbegriffe kennst. Während ich in Thailand irgendwie nie über die Hälfte dieser Liste hinausgekommen bin, scheint mir Spanisch zuzufliegen, und ich habe meinen Sprachschatz während meiner drei Wochen in Mexico mindestens verdoppeln können.

Hier aber erst einmal die Basics:

Hallo.

Sollte eigentlich klar sein. Leider gibt es massenweise Menschen, die auf Reisen einfach ignorieren, dass es noch eine andere Sprache als ihre eigene gibt, und die nicht einmal eine Begrüßung landesgemäß hinbekommen. Sehr traurig.

Dankeschön.

Eines der ersten Wörter, die wir als Kinder lernen. Das allein sollte seine Wichtigkeit schon beweisen. Du öffnest Dir mit einem Lächeln und einem „Dankeschön" gleich so viele Türen…

Entschuldigung,…

Jeder Satz, mit dem Du nach etwas fragst (und das macht doch auf Reisen etwa 80% unserer Kommunikation aus, oder), beginnt mit diesem Wort. Sollte er zumindest.

Außerdem beachten einen viele Menschen gar nicht erst, wenn man die Landessprache nicht spricht. Mit diesem Wort schaffst Du also schon mal den Einstieg und bekommst Aufmerksamkeit. Danach ist es viel leichter, sich trotz Sprachbarriere irgendwie zu verständigen.

Erkundige Dich auch, ob es vielleicht zwei verschiedene Versionen gibt: die, mit der Du Dich für eine Störung entschuldigst (wie zum Beispiel im Englischen mit „Excuse me"), und die, bei der Dir etwas leid tut („[I'm] Sorry")
Beide sind wichtig und gerade die letztere kann das grimmige Gesicht eines Fremden wieder aufhellen.

Wie viel?

Besonders in Ländern Südostasiens, in denen über so gut wie alles verhandelt wird, und in jedem Taxi wirst Du diese Worte brauchen. Stell Dich aber bei dieser Frage gleich auf den folgenden Punkt ein, denn den wirst Du brauchen, um die Antwort zu verstehen:

Zahlen

Von 1-10, die Zehner-Zahlen und – je nachdem, wie stark die Währung ist – auch, was Tausend, Hunderttausend und eine Million heißt. Damit dürftest Du recht gut ausgestattet sein. Und schaust nicht wie ein Auto, wenn die Antwort auf Deine vorherige Frage kommt.

Wo ist die Toilette?

Oder wenigstens das Wort Toilette, damit Du die Schilder erkennst, auf denen es ausgeschildert ist.

Prost!

Nie verkehrt!

Nein.

Für uns Frauen sollte dieses Wort in manchen Ländern ganz oben auf der Liste stehen. Kombiniert mit dem „Danke“ manchmal die höfliche Variante. Aber frag auch hier nach, ob es für die Kombination „Nein, danke“ einen eigenen Begriff gibt. Und manchmal ist ein „Nein“ ohne „Danke“ auch deutlich bestimmter.

Ja.

Das dürfte Deine leichteste Übung werden!

Ich spreche kein [welche Sprache auch immer]

Vor allem, wenn ich länger an einem Ort bin, scheine ich schnell wie eine Einheimische zu wirken, denn dann werde ich auf Hebräisch, Französisch oder Spanisch angequatscht und schau vermutlich immer ziemlich dumm dabei aus. Damit Du in solchen Situationen nett reagieren kannst, hilft es, wenn Du Deinem Gegenüber klarmachen kannst, dass Du seine oder ihre Sprache nicht sprichst. Nicht essentiell, aber sehr nützlich.

Es gibt neben diesen Sprach-Basics auch einige sehr clevere Tools, die Dir unterwegs nützlich sein können:

Digitale Helferchen

Sprachkurse gibt es mittlerweile in allen Formaten: bei Duolingo.com als kostenloser Sprachkurs (auf Deutsch) oder als Podcasts auf Englisch.
Es gibt unzählige Apps wie zum Beispiel die kostenlose Jibbigo Translation App, die Deine Sätze in andere Sprachen übersetzt.
Google Translator würde ich nur in Ausnahmen nutzen, denn die Übersetzungen sind meist schlecht oder falsch.

Gedruckte Helferchen

Mein Favorit darunter ist das Heftchen „Point it“ von Kwikpoint, das Du im Internet bestellen kannst. Darin findest Du zu so gut wie allem ein kleines Bildchen, auf das Du zeigen und Dich so verständigen kannst. Es gibt mittlerweile für fast alle Sprachen kleine Phrasebooks, oft sogar in Hosentaschenformat. Damit kannst Du dann auch über die Basics hinaus immer weiter dazulernen und auch direkt nachschlagen, wenn Du etwas nicht verstehst – oder Dir von jemandem im Heftchen die Übersetzung zeigen lassen.

Solltest Du ernsthafte Erkrankungen, Allergien gegen bestimmte Medikamente oder Lebensmittelunverträglichkeiten haben oder manche Lebensmittel einfach nicht mögen oder meiden, sind die gedruckten Kärtchen von www.selectwisely.com sehr hilfreich. Ich wünschte, ich hätte sie schon vor meiner Vietnamreise entdeckt, dann hätte ich es als Vegetarierin vielleicht ein wenig leichter gehabt.

Allerdings solltest Du bedenken, dass in manchen Ländern die Anzahl der Menschen, die nicht lesen können, enorm hoch ist, und deshalb bei Lebensmitteln vielleicht eher auf Zeichenkarten setzen.

VERMEIDE DIESE TYPISCHEN FEHLER

Lass uns noch einmal abschließend zusammenfassen, welche Punkte Du immer beachten solltest, damit Du sicher reist und Dir nicht ständig Sorgen machen musst...

Bleib in der Öffentlichkeit

Auf dem Reiseblog einer chronisch allein reisenden Kanadierin habe ich kürzlich davon gelesen, wie sie mit neu gewonnen Freunden abends ausgegangen ist und anschließend noch durch die Straßen gelaufen ist. Ohne es richtig zu bemerken, wurde sie in immer einsamere Ecken gelenkt und schließlich stellte sich heraus, dass sie auf zwei Betrüger reingefallen war.

Ich sage nicht, dass Du niemandem vertrauen sollst. Völliger Unsinn. Ich habe auf Reisen schon mehr meiner guten Freunde kennengelernt, als ich Zuhause hatte. Aber solange Bekanntschaften eben genau das sind: Bekanntschaften – bleib in belebten Gegenden und Straßen. Schadet doch nicht, oder?
Und jeder, der dagegen Einsprüche erhebt, Dich verunsichern will oder Dich als albern hinstellt, wenn Du darauf bestehst, kann schon keine reinen Absichten haben. Denn der gesunde Menschenverstand empfiehlt Dir, als allein reisende Frau auf Deine Sicherheit zu achten. Und auch Deine Begleitung wird das tun, wenn sie Deine Sicherheit im Sinn hat.

Komm nicht nachts an

Ich habe den Fehler einmal gemacht und mich hat weniger mein gesunder Menschenverstand als vielmehr mein Glück gerettet, als ich nachts in den einsamen Straßen Istanbuls nach meinem Hostel suchen musste.

Du solltest nachts nirgendwo alleine ankommen – außer, wenn Du von einem Fahrer Deiner Unterkunft abgeholt wirst.
Investiere die 20 Euro mehr in einen Flug, der im Hellen ankommt (und berechne den Check Out und die Anfahrt zeitlich mit ein!), oder den Aufschlag, den der Zug oder Bus kostet, der morgens um 9 statt um 5 Uhr in der neuen Stadt ankommt.
Deine Sicherheit sollte Dir immer wichtiger sein als Deine Sparsucht. Sparen kannst Du an anderen Ecken.

Pack nicht zu viel

Bei meiner ersten größeren Reise hatte ich am Abend zwei Freunde zu Besuch, die völlig reiseerfahren meinen kompletten Rucksack ausgepackt und mir zwei Drittel des Inhaltes „weggenommen“ haben.
Heute bin ich ihnen total dankbar, denn es war der erste Schritt zum Minimalismus (und aus heutiger Sicht hätte ich noch einmal die Hälfte des Rests weglassen können).
Was Du eine Woche lang nicht aus Deinem Rucksack oder Koffer geholt hast (es sei denn Du brauchst es für eine andere Klimazone), gehört definitiv nicht dort hinein. Verschenk es unterwegs oder schick es nach Hause.
Gewöhn Dir vom ersten Tag an eine goldene Regel an, die ich bis zum heutigen Tag anwende: Wenn Du Dir etwas Neues kaufst, muss etwas Altes gehen. So verhinderst Du einen platzenden Rucksack oder Koffer.

Nimm Dir Zeit

Die wichtigste Regel bei all Deinen Reisen, Zielen und Abenteuern: Wann immer Du denkst, Du hast genug Zeit eingeplant, verdopple sie. Ich habe selten jemanden getroffen, der gesagt hat „Ich wünschte, ich hätte mir nicht so viel Zeit genommen“, aber mittlerweile Hunderte, die

das Gegenteil gesagt haben.
Drei Länder in einem Monat? Zu wenig Zeit. Es sei denn, Du willst überall nur schnuppern. Wirklich sehen und kennenlernen kannst Du in der Zeit nichts.
Zwei Wochen für die komplette Insel Bali? Hier gilt das Gleiche.

Warum dieser Punkt in den Regeln für Deine Sicherheit auftaucht? Weil Stress und Eile nicht mit guter Vorbereitung vereinbar sind. Wenn Du von einem Ziel zum nächsten hetzt, wirst Du schlecht vorbereitet sein, Dir passieren Fehler oder Du vergisst Dinge und bist irgendwann frustriert. Gib Dir Zeit.

Reise nie ohne Auslandskrankenversicherung

Ich habe tatsächlich Menschen getroffen, die ohne gereist sind. Traurig, aber wahr. Kläre vorab mit Deiner Krankenversicherung, ob Du im Ausland für die gesamte Dauer Deiner Reise versichert bist (manche Krankenversicherungen gewährleisten das weltweit bis zu sechs Wochen). Falls nicht, schau Dich zum Beispiel bei HanseMerkur oder der Allianz nach einer passenden Auslandskrankenversicherung für Deine geplante Reise um.

Hab eine verlässliche Kreditkarte dabei – oder zwei

Ich habe schon so jedes Fettnäpfchen mitgenommen und auch schon ausgiebig darüber geschrieben, wie ich es immer wieder geschafft habe, ohne Kreditkarte oder Bargeld dazustehen. Wie Dir das nicht passiert? Indem Du am besten zwei Kreditkarten von zwei verschiedenen Banken dabeihast. Ist kein Muss, kann Dir aber als Tollpatsch und Schussel das Leben deutlich erleichtern.

Bleib in Kontakt

Nach einer Weile wirst Du Dich sicherer fühlen. Du wirst unabhängiger werden, Deine Reisen flexibler gestalten und spontaner werden.
Das ist gut so und ja auch genau das, was Du anstrebst, aber verlier Deine Sicherheit nicht aus dem Blick.
Denn genau dann, wenn wir uns sicherer fühlen, werden wir nachlässig.
In genau solchen Phasen habe ich mich plötzlich in dunklen Gassen wiedergefunden, bin nachts in einer neuen Stadt angekommen und habe meine Kreditkarte im Automaten steckenlassen.

Das sind die Momente, in denen ich nachlässig werde, und das sind die Momente, in denen es tatsächlich gefährlich wird. Nicht am Anfang, wenn Du noch alles durchplanst und auf jedes Detail achtest.
Deshalb solltest Du vor allem eine Regel immer einhalten, egal, wie erfahren und sicher Du Dich fühlst: Lass immer jemanden wissen, wo Du bist.
Es reicht, wenn Du Deine Lieben regelmäßig updatest, in welcher Unterkunft Du gerade wohnst, oder Deine beste Freundin über WhatsApp oder Threema darüber informierst, wo Du gerade steckst.

Wenn Du alleine reist, ist da niemand, der Bescheid sagen kann, wenn Dir etwas passiert. Und gerade, wenn Du sicherer wirst und weniger darauf achtest, wird auch vermutlich kaum jemand nach Dir suchen, wenn Du verschwindest.
Also bleib in Kontakt. Immer.

Starke Frauen reisen - auch die, die es noch nicht sind!

„Reise! Denn Du hast keine Ahnung, wer Du wirklich bist, bis Du Dich selbst durch die Augen anderer Menschen gesehen hast und erkennst: Wir sind alle gleich.“
- Unbekannt -

WENN DU NICHT MUTIG BIST: REISEN MACHT DICH MUTIG

Jedes Mal, wenn mir jemand schreibt, wie mutig er oder sie mich findet (meist ist es eine sie), nehme ich das dankend an und fühle mich wie ein Betrügerin dabei.
Wenn sie wüssten…

Wenn sie wüssten, wie ich mich in der Dunkelheit aufführe, wie ich aussehe, wenn ich auf einem hohen Stuhl stehe oder wie mein Gesicht aussieht, wenn ich etwas esse, das schon zwei Tage über dem offiziellen Verfallsdatum im Kühlschrank stand, dann glaub mir: Sie würden mich nicht mutig nennen.

Sie nehmen einfach an, ich müsste mutig sein, um durch die Welt zu reisen. Um mir Ziele vorzunehmen, die als Frau schwieriger zu bereisen sind als andere, und um ganz alleine in Ländern unterwegs zu sein, in denen man meine Sprache nicht spricht.

Aber dazu muss man nicht mutig sein. Man muss es nur unglaublich stark wollen!

Ein starker Wille ist etwas ganz anderes als mutig zu sein. Und mutig wirst Du erst durch das Reisen. Durch Momente, die Dich zu Hause zum Rückzug bringen würden, aber auf Reisen einfach überrumpeln. Und bei denen Du hinterher feststellt: Hm… war gar nicht so schlimm!

Mit fremden Menschen sprechen

Das ist oft der Punkt, den Du am meisten scheust. Bis Du ihn einmal überwunden hast und feststellst: Die meisten

Menschen sind hilfsbereit, freundlich und glücklich darüber, dass sie mit Dir sprechen können.
Sie sind stolz darauf sich auf Englisch unterhalten zu können, stolz auf ihr Land oder ihre Stadt oder auch stolz darauf, Dir weiterzuhelfen.
Spätestens dann merkst Du, dass fremde Menschen genauso viel Scheu davor haben, Dich anzusprechen (obwohl die meisten das sogar wollen!) und auszufragen, wie Du Scheu vor ihnen hast.

Ungewohnte Esskulturen

Knusprige Skorpione, gebratene Taranteln, Tausend-Jahr-Eier?
Ja, man glaubt es nicht, was in der Welt alles auf Spießen angeboten wird, bis man es sieht. Und selbst dann möchte man es nicht glauben. Aber die Neugier, die ist manchmal einfach geweckt…

Höhenängste überwinden

Ich habe schon Höhenangst, wenn ich nur auf einem Stuhl stehe. Was aber, wenn eines der tollsten Erlebnisse überhaupt damit zu tun hat, dass Du auf etwas Höheres steigen musst als einen Stuhl? Und wenn da keiner ist, der dabei Händchen hält?

Nun, dann hast Du zwei Möglichkeiten. Entweder, Du drehst Dich um und sagst: Nää. Heute nicht. Und weißt aber, dass diese Möglichkeit mit größter Wahrscheinlichkeit nie mehr wieder kommen wird.

Oder.

Du zwickst Dein Popöchen zusammen, atmest einmal tief ein und tust es einfach!

Veränderungen annehmen

Deine beste Freundin entscheidet plötzlich, alleine weiter zu reisen und Du stehst ab sofort als Solo-Reisende da. Oder die schöne Route, die Du Dir zu Hause zurechtgelegt hast, ist wegen plötzlicher Überschwemmungen nicht passierbar und muss um 180 Grad gedreht werden.
Ja, das passiert. Und gar nicht mal so selten.

Aber Du wirst damit klarkommen. Nicht nur, weil Du es musst, sondern weil Du es kannst.
Wir unterschätzen uns. Chronisch. Wir sind stärker als wir glauben, dachten und je für möglich gehalten haben.
Also wirst Du Deinen Rucksack neu packen, nun eben ohne Freundin an der Backe, und weiterreisen. Neue Menschen kennenlernen. Neue Abenteuer erleben. Glücklich sein.
Du wirst Deine Route komplett neu auslegen, einen neuen Weg finden und eine komplett neue Welt entdecken. Eine, die Du nicht geplant, erwartet oder vorhergesehen hast. Das ist Reisen in seiner reinsten Form!

Selbstbewusst werden

Das ist nichts, was Du üben oder Dir antrainieren kannst. Du kannst Dich aber in mehr Situationen bringen, die das herausfordern, die Dich fordern, sodass Du zwangsläufig selbstbewusster werden wirst.
Klingt vielleicht gruselig, ist aber das Beste, was Du Dir selbst antun kannst!

In Hostels zu sitzen, ohne jemanden zu kennen, wird zwangsläufig dazu führen, dass Du offener wirst. Durch fremde Straßen zu laufen, wird Dich neugierig machen und Dich so an Orten landen lassen, die Du nie von selbst aufgesucht hättest.

Fremde Restaurants mit fremden Zutaten werden Dich durch ihre Gerüche locken und Deine Entdeckerfreude wird Dich mehr und mehr zu Abenteuern bringen, die Du so nie geplant hättest.

Reisen gibt Dir das. Diesen unbändigen Wunsch, mehr zu wollen, über Dich selbst hinauszuwachsen und *mutig* zu werden. Hürden zu überwinden, Grenzen einzureißen und Unglaubliches zu leisten.

Die meisten von uns sind nicht von Natur aus mutig. Wir sind es manchmal nicht einmal nach der Reise. Aber wir haben mutig Situationen gemeistert, die uns Zuhause nie begegnet wären – aus der Situation heraus, weil sie nun einmal plötzlich vor uns stand.

Deshalb musst Du Dich selbst nur ein Mal überwinden:
Nämlich zum allerersten Mal!

GUTE ANTWORTEN AUF KNIFFLIGE FRAGEN

Vor einer Weile stand ich in Deutschland mit einer Freundin an einer Bushaltestelle. Es war laut, wir standen mitten im Strom von Fußgängern, einem Marktschreier, seiner Kunden und ein paar leicht durchgeknallten Berlinern, als mir jemand auf die Schulter tippte.
In bekannter Carina-Art habe ich mich zu Tode erschreckt, bin zur Seite gesprungen und hab mich an den Arm meiner Freundin gekrallt. Man hätte meinen können, ich sei noch nie in Asien gewesen und solches Gewusel nicht gewohnt…

Ich bin schnell überfordert, schreckhaft und oft überängstlich. Das mag man schwer glauben, wenn man dieses Buch liest, aber es ist so.
Was ich gut kann, ist eine glaubwürdige Fassade aufbauen. Darin bin ich Profi!

Das ist auch meine Geheimwaffe, mit der ich mich in so mancher Situation schon aus der Schlinge gezogen habe und die mich auf Reisen sicher(er) sein lässt.
Selbstbewusstes Auftreten schützt Dich vor so einigem. Klar, es kann in einigen Situationen ins Gegenteil umschlagen, aber im allgemeinen und vor allem, wenn Du es nicht übertreibst und jedem zweiten gleich Prügel androhst, der Dir dumm kommt, ist es ein sehr nützliches Werkzeug des Eigenschutzes.

Uns werden auf Reisen in vielen Situationen Fragen gestellt, die zum einen Deine Sicherheit und zum anderen Dein Selbstbewusstsein testen. Manchmal verbirgt sich dahinter tatsächlich nur unschuldige Neugier, aber dann und wann, wirst Du ausgehorcht, ob Du ein einfaches Opfer bist.

Deshalb solltest Du auf gewisse Fragen gute Antworten parat haben und sie bestenfalls so echt verkaufen können, dass kein Zweifel an Deinem Selbstbewusstsein oder Deiner Sicherheit bleibt…

Wo übernachtest Du?

Im besten Fall will Dir hier jemand einfach nur eine Unterkunft andrehen. Im schlimmsten will er herausfinden, wie weit Du es noch bis zur sicheren Unterkunft hast.
Bleib vage, ungenau und vor allem ist es immer "Gleich um die Ecke" oder „Nur noch ein paar Schritte von hier“. Wenn jemand nicht lockerlässt, nenn einen groben Bezirk oder eine Straße ohne Hausnummer.
Gibt er gar nicht auf, stell eine Gegenfrage. Das lenkt oft ab. Gilt übrigens auch für alle folgenden Fragen.

Reist Du ganz alleine?

Natürlich nicht! Nie!
Du hast eine Freundin, mit der Du reist oder bestenfalls einen Freund. Sie oder er sitzt gerade zu Hause – mit einer Magenverstimmung, mit Jetlag oder um auszuspannen. Du hast gerade mit ihnen telefoniert und sie warten schon auf Deine Rückkehr.
Natürlich kannst Du Menschen, mit denen Du länger unterwegs bist oder die Du kennst, die Wahrheit sagen. Aber auch dann solltest Du unterschwellig immer vermitteln, dass es Menschen gibt, die wissen wo Du bist, was Du machst oder regelmäßig von Dir hören.
Nicht jeder Mensch ist potentiell böse, aber Gelegenheit macht Diebe, also mach Dich nicht von vornherein für jeden zum Opfer!

Hast Du einen Freund?

Wenn diese Frage von jemandem kommt, den Du gerade erst (also vor zwei Minuten) kennengelernt hast oder der Dich auf der Straße anspricht, gibt es dafür auch wieder nur eine richtige Antwort: Natürlich!
Er ist nur gerade aus Grund X oder Y nicht dabei. Manchmal kann er sogar in Deutschland sein, aber allein die Tatsache, dass Du einen Freund hast, kann schon abschrecken. Leider reicht das nicht immer.
Schätz also die Situation der Frage ab. Ist es in einem Taxi in Indonesien, dann beruhigt es den Fragenden einfach, wenn Du einen Freund hast.
Ist es abends und Du hast unerwünschte Gesellschaft, wäre es besser, Dein Freund wartet bereits in der nächsten Straße auf Dich, weil Du Dich dort mit ihm verabredet hast.
Bleibt Deine Gesellschaft zu hartnäckig, bieg in das nächstbeste Alibi-Hotel, -Hostel oder -Guesthouse ein und lass Dir ein Taxi rufen.

Darf ich Dich nach Hause begleiten?

Bei dieser Frage angekommen, wird dann schnell klar, worauf das Gespräch hinausläuft. Fall es Dich doch überrascht, lass es Dir nicht anmerken!
Zeig offen, wie absurd Dir diese Frage erscheint. Das muss ja nicht unhöflich sein, aber in jedem Fall deutlich! In vielen Ländern ist diese Frage nicht unwahrscheinlich und die Herren meinen damit in den wenigsten Fällen, dass sie Dich nur an Deiner Haustüre abliefern wollen.
Ein klares „Nein, danke!“ muss also überzeugend und prompt von Dir kommen.
Wenn die Situation es zulässt, ist es am besten, Du behauptest, Du hättest Dir schon ein Taxi an die Stelle XY bestellt und bist auf dem Weg dorthin.
Wenn Du in einer Bar oder einem Club bist und Deine

Tarnung nicht auffliegen lassen willst, verzieh Dich kurz in die Toilette und bestell ein Taxi. Du musst Dich ja nicht weit fahren lassen, wenn Du vorhattest zu laufen.
In diesem Abschnitt geht es jetzt nicht um die alltäglichen Gespräche in Hostels oder mit Reisenden, die Du unterwegs triffst, aber ich denke, dass ist klar!

Ich war bereits mehrmals in Situationen, in denen ich nachts alleine unterwegs war und plötzlich unerwünscht hartnäckige Gesellschaft hatte. Ob auf Bali, in Tel Aviv oder in Adelaide. Natürlich hat es geholfen, dass ich in belebten Gegenden und vor allem nüchtern unterwegs war.
Trotzdem sind solche Situationen unangenehm, besonders das erste Mal. Je besser Du und Deine Antworten also darauf vorbereitet sind, desto sicherer wirst Du wirken. Allein dieser kleine Vorteil entscheidet dann schon einmal darüber, wie schnell Du Deinen Gefährten wieder los wirst…

Falls gar nichts hilft, nimm all Deine Courage zusammen, schau Deinem Gegenüber offen ins Gesicht und sag ihm ganz klar, dass Du von hier ab gern alleine weitergehen oder sein möchtest! Gerade, wenn Du umgeben bist von anderen Fußgängern oder zumindest Menschen in Rufweite, wird er das meist zähneknirschend hinnehmen.

Ich sage es gerne immer wieder: Scheu Dich nicht, unfreundlich zu werden. Ich weiß, das fällt uns manchmal schwer. Aber an diesem Punkt angekommen, ist die Wahrscheinlichkeit, dass Du die Gefühle eines netten Menschen verletzt, sehr gering!

DENK DARAN: DUNKLE WOLKEN ZIEHEN IMMER VORÜBER

Immer mal wieder bekomme ich auf Facebook Nachrichten mit kleinen Hilferufen. Meist von Frauen, die alles getan haben, um ihren Traum Wirklichkeit werden zu lassen, endlich über ihren Schatten gesprungen sind und nun irgendwo auf der Welt in dem kleinen schwarzen Loch namens Heimweh sitzen.
Sie fragen mich, ob ich nicht den ultimativen Tipp dagegen habe. Was mir denn helfen würde, wenn ich in der Ferne sitze und eigentlich nur meinen Rucksack packen und zurückfliegen möchten.
Sie gehen manchmal sogar soweit, dass sie mir eine schwierige Frage entgegenwerfen:

Carina, soll ich meinen Rückflug buchen?

Dann sitze ich vor meinem Laptop und versuche all mein Herz in diese Antwort zu schütten. Ich schicke den Link zum Artikel über Heimweh (den Du übrigens auch im ersten Buch findest), ich schicke Tipps und Tricks, die mir helfen, und meist kann ich ihnen von einem meiner letzten schwachen Momenten berichten, denn auch ich habe sie immer mal wieder.
Solltest auch Du irgendwann mal in diesem kleinen Loch sitzen, scheu Dich nicht, mir zu schreiben und mir Dein Herz auszuschütten. Nur sei Dir gewiss, meine Antwort auf diese letzte Frage, wird immer die gleiche sein:

Nein, Du solltest auf keinen Fall Deinen Rückflug buchen.

Ich sage Dir auch, warum: Jede deprimierte Stimmung,

jedes Heimweh und jede Frustration ist immer nur übergangsweise.

Hierzu ein sehr deutliches Beispiel: Eine dieser Nachrichten, die mich ganz besonders berührt haben, kam von einer Anfang Zwanzigjährigen, die zum ersten Mal so weit von zu Hause weg war, seit einem Monat durch Australien reiste und unglaubliches Heimweh hatte. Sie fand nicht so richtig Anschluss, viele ihrer Planungen fielen aus verschiedenen Gründen ins Wasser und ihr letztes Hostel war eine Katastrophe. Sie stellte mir auch die Frage, ob es nicht besser sei, einfach den Rückflug anzutreten, und auch ihr schicke ich eine lange und ausführliche Nachricht mit all den Motivationsschüben, die mir einfielen. Dass jede von uns mal eine furchtbare Unterkunft erwischt, dass wir alle anfangs Probleme haben, neue Freunde oder wenigstens Bekannte zu finden und dass es am besten sei, wenn sie sich ein beliebtes Hostel in einer gut belebten Stadt suchen würde.

Ich kramte wirklich alles hervor, was ich hatte. Eine zweite Nachricht von ihr kam darauf allerdings nicht mehr. Daran dachte ich immer mal wieder und fragte mich, ob sie wohl nach Deutschland zurückgeflogen war. Zwei Monate später bekam ich die Antwort:

Sie war mittlerweile auf einer Farm, mitten im Outback und hatte dort einen Job und neue Freunde gefunden. Diese Nachricht kam von einer ganz anderen Person. Einer, die vor Glück und Freiheit nur so sprühte. Sie schrieb, dass sie kurz nach meiner Nachricht in die nächste Stadt gezogen wäre und dort gleich im ersten Hostel zwei nette Mädchen getroffen hätte, denen sie sich angeschlossen hat. Nun würde sie auf der Farm arbeiten, es würde sehr viel Spaß machen und sie würde definitiv die sechs Monate in Australien bis zum letzten Tag ausschöpfen.

Sie bedankte sich dafür, dass ich sie überredet hatte zu bleiben und ihr nicht geraten hatte zurückzufliegen.
Diese Nachricht brachte mich zum Strahlen. Weil sie zeigte, was eigentlich jede von uns tief im Inneren weiß:
Wir würden es ewig und bitterlich bereuen, wenn wir zu früh aufgeben würden.

Wenn Du also mal in Deinem kleinen fiesen schwarzen Loch sitzt, dann ermahn Dich immer wieder dazu, es noch ein kleines bisschen länger auszusitzen.
Erinnere Dich daran, dass diese deprimierte Stimmung in jeder Lebenslage mal aufkommt. Oder bist Du etwa Zuhause ununterbrochen der strahlende Sonnenschein? Ich bezweifle es stark.

Wir haben immer mal wieder Momente auf Reisen, in denen wir uns fragen, ob es das wirklich wert ist und ob wir das wirklich noch wollen. Aber die haben wir auch Zuhause im Alltag, im Studium, in unserem Job…
Auf Reisen tendieren wir einfach dazu, diese schlechten Momente auf die Reise, die Ferne und das Hostel zu schieben. Das ist ja das Naheliegendste.

Also lass Dich nicht von einem Impuls leiten oder von zwei oder drei schlechten Tagen. Und wenn es sich bereits wie Wochen voller Frust anfühlt, dann frag Dich mal ganz ehrlich, ob dazwischen nicht auch schöne Zeiten vorkamen. Entscheide niemals im Affekt und lass niemals ein paar schlechte Tage Deinen kompletten Traum beenden. Denk immer daran: Dunkle Wolken ziehen vorüber…

WAS DU ALS FRAU ERLEBEN & ERLERNEN SOLLTEST!

Es gibt gewisse Ereignisse und Erfahrungen, die meiner Meinung jede Frau erlebt und gemacht haben sollte.
Sie lassen Dich reifen, Dich erkennen, was Du vom Leben willst und wer Du wirklich bist.

Die meisten dieser Erfahrungen kannst Du mit dem Reisen oder auf einer Reise machen. Sieh das Folgende also als eine Art Bucket List der Selbstverwirklichung und Selbstfindung an, die Du so bald wie möglich angehen solltest…

Überschreite Deine eigenen Grenzen.

In dem Moment, in dem Du zum ersten Mal los reist, obwohl Du das Gefühl hast, noch nicht so weit zu sein, hast Du es schon zum ersten Mal getan: Du hast Deine Komfortzone verlassen.

Warum solltest Du das aber überhaupt tun? Wofür ausbrechen, wofür sich selbst quälen? Weil Du dabei wächst. Du wächst über Dich und Deine Grenzen hinaus und Du stellst fest, wozu Du eigentlich fähig bist.

Und wenn Du einmal Deine Grenzen überschritten hast, wer sagt, dass Du es nicht auch ein zweites und drittes Mal kannst? Und wer weiß, wohin es Dich bringen kann.

Entdecke Deine Stärke.

Gemeinsam mit dem Grenzen überschreiten und dem Verlassen Deiner Komfortzone lernst Du auch Deine eigene Stärke kennen.

Niemand von uns weiß wirklich, wie stark wir sind und wie viel stärker wir noch sein können, wenn wir nicht gefordert werden. Wir unterschätzen uns in diesem Punkt immer wieder und halten uns selbst nicht für stark. Aber wäre es nicht spannend herauszufinden, wie stark Du wirklich bist?

Sei mutig und folge Deinem Herzen.

Über das Mutigsein haben wir nun schon ausgiebig gesprochen. Nicht aber über das, was danach kommt. Wenn Du einmal mutig genug warst, alle Ketten zu sprengen, und wenn auch nur für fünf Minuten, dann wirst Du als neuer Mensch daraus hervorgehen.

Du wirst sehen, dass es sich lohnt, Deinen Träumen und Zielen zu folgen, und dass sich – einmal damit angefangen – unglaublich viele Türen für Dich öffnen werden.
Also hör einmal mehr auf Dein Herz als auf Deinen Verstand. Vor allem, wenn der von Angst vernebelt ist.

Du willst diese Reise? Du willst endlich über die deutsche, europäische oder äquatoriale Grenze hinaus? Dann kneif Deinen Po zusammen und zieh los!

Lass Materielles gehen und erschaffe Erinnerungen.

Vor meiner ersten Reise nach Australien habe ich das Buch „Traumzeiten" von Marlo Morgan gelesen und fasziniert bewundert, wie sie vor ihrem Walkabout, einer australischen, spirituellen Wanderung, all ihren Besitz ablegen muss. Sie weiß zu diesem Zeitpunkt nicht, dass sie es bei ihrer Rückkehr zurückbekommen wird, und kann sich nur schwer von ihrem Ehering trennen.
Nach und nach erkennt sie allerdings, dass nicht Besitz wertvoll ist, sondern die Erinnerung, die daran hängt.

Du wirst auf Reisen unglaublich viele Erinnerungen sammeln und egal, wie sehr Du Dich anstrengst: Du wirst sie nicht mit Materiellem festhalten können.
Also löse Dich von dem Gedanken, materieller Besitz sei wertvoll und fang an, ihn durch Glücksmomente und Erinnerungen zu ersetzen.

Definiere Dich niemals über eine Beziehung.

Viele Frauen halten sich und ihre Reiseträume zurück, weil sie ihre Beziehung nicht aufs Spiel setzen wollen. Das ist in meinen Augen das Schlimmste, was sie tun können.
Natürlich kann ich das als Single leicht sagen, aber auch ich war einmal in einer Beziehung, für die ich mich weit mehr angepasst habe als ich das eigentlich wollte.

Wenn Du also einen Partner hast, dann sprich mit ihm über Deine Träume. Hab keine Angst, dass die Beziehung an einer Reise zerbrechen könnte, denn ich kann Dir aus eigener Erfahrung sagen, sie würde dann auch an anderen Umständen zerbrechen.

Wir können uns, unsere Wünsche und Träume nur eine gewisse Zeit in eine kleine Box irgendwo in einer dunklen Ecke verstauen. Irgendwann werden sie ausbrechen. Oder Du wirst Dich vollkommen aufgegeben haben…

Hör auf, über andere zu urteilen – es spiegelt nur Dich selbst.

Wir sind oft und schnell dabei, uns über andere Menschen ein Urteil zu bilden oder eine starke Meinung über ihre Situation zu haben. Aber letztendlich zeigt das nur, was wirklich in Dir steckt. Besonders wir Frauen urteilen schnell aus zwei Gründen: weil wir neidisch sind oder uns bedroht fühlen.

Arbeite daran, andere Frauen zu bewundern statt zu beneiden, und sie zu starken Verbündeten zu machen statt zur Konkurrenz.

Erschaff Dir größere Träume.

Es gibt den wunderschönen Spruch: Wenn Dir Deine Träume keine Angst machen, sind sie nicht groß genug.
Ein gutes Zeichen also, dass Deine Träume nicht groß genug sind, ist, wenn sie erreichbar wirken.

Damit sage ich nicht zwangsläufig, Du sollst Dir Träume erschaffen, die nicht erreichbar sind, aber es schadet gar nicht, ein oder zwei davon zu haben, die so wirken.
Dann wirst Du nämlich immer einen Ansporn haben, noch weiter zu gehen und das Unmögliche möglich zu machen. Und ich kann Dir aus eigener Erfahrung sagen: So lernst Du irgendwann, dass alles möglich ist…

Sei liebenswert.

Auf meiner ersten Reise hatte ich einen Bleistift dabei, auf dem stand: Wenn Du geliebt werden möchtest, sei liebenswert!
Auf Reisen und in Deinem Leben solltest Du Dich genau an diesen Grundsatz halten.
Wenn Du Kontakte knüpfen möchtest und neue Freunde gewinnen willst, dann sei hilfsbereit, freundlich und gib immer ein bisschen mehr als Du bekommst.
Aber verschwende Deine Energie nicht an Menschen, die sie nicht verdienen.

Lass los.

Ganz oft reisen wir los, um von etwas loszukommen. Um uns von etwas oder jemandem zu trennen. Und sei es nur

Dein altes Ich.
Aber eines darfst Du dabei nicht vergessen: auch davon loszulassen.
Gib Dir selbst die Möglichkeit, Dich davon zu trennen, und betrüge Dich nicht selbst damit.

Erkenne Deine eigene Schönheit.

Eine der größten Schwächen von uns Frauen ist, uns selbst nicht genug wertzuschätzen.
Jede von uns hat eine einzigartige Schönheit. Und damit meine ich nicht die, die außen sichtbar ist. Lerne, Deine Schönheit zu erkennen, sie zu sehen und sie zu schätzen. Denn erst dann kannst Du auch den nächsten Schritt gehen:

Werde selbst Deine beste Freundin.

Der beste Weg, um sich unterwegs nicht einsam zu fühlen, ist, mit sich selbst glücklich zu sein.
Also anstatt die Zeit mit Dir alleine zu meiden und zu fürchten, fang an, Dich richtig gut kennenzulernen. Finde heraus, was Dir Freude bringt, was Dir Spaß macht und was Dich beruhigt, wenn Du mit Dir alleine bist. Und Du wirst überrascht sein, wie viel Dir das alleine Sein plötzlich machen kann.

Hör auf, nach Zeitplänen und Plänen zu leben.

Wenn ich Dir nur einen guten Rat geben dürfte, dann dass Du aufhören solltest, zu viel zu planen. Alles, was über Deine Sicherheit hinausgeht, lass sein.
Sei planlos, ziellos und spontan.
Pläne binden uns und verhindern, dass Du Dich komplett entfaltest. Wenn Du anfangs noch zu unsicher bist, fang klein an und verbring einmal einen ganzen Tag ohne Uhr.

Dann eine Woche. Und schließlich verbringe eine ganze Woche, ohne irgendetwas zu planen.
Steh morgens auf und entscheide, worauf Du Lust hast, wohin Du gehen willst und womit Du Deinen Tag füllen willst.

Eine größere Freiheit gibt es nicht und wer weiß, wann Du außerhalb Deiner Reise noch einmal soviel davon haben wirst.

Reise. So viel und so weit Du kannst. Mit Dir alleine.

Dieses Buch und das Buch davor haben Dir gefühlt eine Million Gründe aufgezählt. Nun bist Du dran.
Es ist Zeit!

Jetzt wird es persönlich…

„Ich möchte Menschen inspirieren.
Ich möchte, dass mich jemand anschaut und sagt:
Wegen Dir habe ich meine Träume nicht aufgegeben.“
- Aj Joshi -

WARUM ICH SO GERNE ALLEINE REISE…

Ich packe meinen Rucksack und gehe aus der Tür. Ich lasse alles hinter mir. Und schaue nur nach vorne. Alles, was zählt, ist der Weg vor mir. Und niemand rechts oder links von mir. Schon gar nicht hinter mir. Mein Kopf ist frei, ein Lächeln bahnt sich seinen Weg. Ich atme tief ein und aus und fühle mich seit langem wieder frei.

So geht es mir jedes Mal, wenn ich zu einer neuen Reise aufbreche. Nach längerer Zeit an einem Ort oder nach ein paar Monaten in Deutschland. Ich fühle mich wieder frei.

Wovon frei, weiß ich gar nicht so genau. Wer mich fragt, will immer eine genaue Erklärung, eine Beschreibung des Gefühls. Habe ich aber nicht. Also stempeln es die meisten einfach ab: „Die läuft weg. Irgendwann findet sie schon, was sie sucht. Sie will einfach keine Verantwortung übernehmen."
Es ist einfacher, Menschen in Schubladen zu stecken, als sich näher mit ihren Wünschen, Gedanken und Gefühlen auseinanderzusetzen, die man vielleicht nicht versteht.

Wenn ich dann aber alleine mit mir bin, an einem Strand sitze, die Sonnenstrahlen auf meinem Gesicht genieße oder mich in einem wuseligen Café inmitten von fremdsprachigen Menschen wie in einer Seifenblase fühle, unantastbar, unsichtbar, dann stelle ich mir doch dieselben Fragen. Ganz für mich, heimlich, wo sie niemand hört und die Antwort nicht bewertet wird. Denn ich kann ehrlich zu mir sein. Ich verstehe ja, wie ich ticke.
Aber manchmal frage ich mich, ob es nicht eigentlich mehr Menschen so geht wie mir. Dass sie sich befreit fühlen, wenn sie reisen.

Wir alle haben mehr oder weniger stark das Bedürfnis zu gefallen und gemocht zu werden. Wir lernen das von klein auf. Wir wollen bewundert werden, wir wollen beliebt sein und wir wollen geliebt werden. Manchmal rutschen wir in unserem Leben in Phasen, in denen dieses Bedürfnis überhandnimmt und wir uns komplett verlieren.
Vor ein paar Jahren habe ich angefangen, aus diesem Schema auszubrechen. Habe mich immer stärker abgenabelt von diesem Versuch, es allen anderen rechtzumachen, mich anzupassen und bloß nicht anzuecken. Seitdem ist der Kreis an Menschen um mich herum stark geschrumpft. Aber weißt Du was? Es macht freier. Glücklicher. Und das Leben leichter.

Heute sage ich viel häufiger was ich wirklich denke, auch wenn das nicht immer beliebt ist und von vielen nicht gerne gehört wird. Der Druck unserer Gesellschaft ist oft so stark, dass wir völlig vergessen, wer wir eigentlich sind. So sehr damit beschäftigt, der Liebling aller zu sein und bloß niemandem auf die Füße zu treten. Doch damit wirst Du unscheinbar. Unsichtbar. Und austauschbar.

Auf Reisen, ganz allein, ist niemand da, der Dich formt. Du bist auf Dich alleine gestellt und entwickelst Dich mehr und mehr zu dem Menschen, der Du wirklich bist. Du musst nicht groß Mut sammeln, um echt und authentisch zu sein. Du kannst es einfach sein.

Das ist etwas, das Dir nichts anderes geben kann.

Meine Antwort also, ganz für mich, warum ich so gerne alleine reise?
Weil es einer der Wege ist, auf Dauer ganz ich selbst sein zu können.

DIE ANGST IST NICHT MEIN FEIND, SIE IST EIN TEIL VON MIR

Als ich zuletzt in Thailand war, fuhr ich mit meinem Scooter außerhalb von Chiang Mai in eine sehr abgelegene Gegend. Ich hatte von einem Swimming Pool gelesen, an ein Hotel angeschlossen, das Tagespässe für diesen Pool ausgab, und wollte unbedingt einen Tag am Wasser verbringen.
Ich musste dafür über eine Art Schnellstraße brausen, etwas, das in Chiang Mai neben den überfüllten und deswegen sich träge fortbewegenden Fahrzeugschlangen eher die Ausnahme ist. Ich machte mir fast in die Hose vor Angst.

Und einmal in diesem Status angekommen, schien es, als ob all meine gut kontrollierten Ängste sich verschworen hätten und den Riss der Oberfläche nutzten um hervorzukriechen. Plötzlich hatte ich Angst, mich zu verfahren, Angst, irgendeine Verkehrswidrigkeit zu begehen und erwischt zu werden, Angst davor, auf der Landstraße, auf die ich als nächstes fuhr, in den Graben zu geraten und Angst davor, im Wassergraben hinter dem Graben zu landen.

Wer mich nur von meinem Blog kennt, denkt, ich bin eine taffe, knallharte Person. Das wird mir oft gesagt, wenn man mich kennenlernt. Authentisch, ja. Aber furchtlos und mutig.

Tatsache ist, ich bin ein Weichei. Aber das glaubt mir niemand. Ich mache mir viele Gedanken darüber, was andere von mir denken. Ob ich jemanden in meinem letzten Gespräch mit ihm oder ihr irgendwie beleidigt oder verärgert haben könnte.

Ich frage mich andauernd, ob die Entscheidungen, die ich treffe, die richtigen sind. Ob ich etwas anders oder besser hätte machen können und ob ich jemandem vielleicht Unrecht getan habe. Zu stur bin. Zu arrogant. Zu schnell urteile.

An einem Abend in Thailand lief im Fernsehen ein ganz blöder Film. Normalerweise nutze ich Fernseher gar nicht, wenn es überhaupt einen in meinem Zimmer gibt. Aber an diesem Abend war es mir zu still um mich herum, also ließ ich ihn nebenher als Geräuschkulisse laufen. Ein dusseliger Zombiefilm ließ mich später nicht einschlafen, weil ich erwartete, unter meinem Bett würden Monster hervorkrabbeln. Ich bin 34 Jahre alt und ich habe Angst vor Monstern unter meinem Bett.

Wir glauben, die Angst verschwindet irgendwann und dann werden wir mutig. Wir glauben, dass uns das Reisen irgendwann mutig macht und uns die Angst genommen wird.

Tatsächlich ist der Punkt, dass wir mit unseren Ängsten reisen, das, was uns mutig erscheinen lässt. Und uns letztendlich das Attribut „mutig“ verpasst.

Mutig sein bedeutet nicht, keine Angst zu haben. Es bedeutet, sein Leben zu leben, seine Wege zu gehen und seine Träume zu verwirklichen, obwohl man Angst hat. Sich nicht von den Ängsten einsperren, verunsichern oder aufhalten zu lassen.

Das ist mutig.

Eine Frau, die keine Angst hat, ist nicht mutig. Sie muss sich nicht überwinden, etwas zu tun, denn da ist nichts, was ihr im Weg steht.

Rück also mal von der Vorstellung ab, dass Du erst mutiger werden musst um zu reisen. Du musst nicht mutiger werden, Du musst entschlossener werden. Hak Dich bei Deiner Angst ein und zerr sie über die Ziellinie.

Meine Ängste sind ein Teil von mir. Ich kenne sie so gut wie meine besten Freunde Ich weiß, wie sie ticken, ich weiß, warum sie bei mir sind, und ich weiß, wie ich mit ihnen umgehe, wenn sie sich nicht gut benehmen.
Denn dann versuche ich sie einfach eine Weile, sie so gut es geht zu ignorieren. Ich lege mir Scheuklappen an, schaue nicht nach rechts zu meiner Angst zu versagen, schaue nicht nach links zu meiner Angst, verloren zu gehen in der Masse, und gehe einfach geradeaus auf mein Ziel zu.

Ich mache einfach weiter. So lange, bis ich entweder ankomme oder meine Ängste wieder zu rationaleren Gefährten eingeschmolzen sind. Sie sind weiterhin da, aber sie schreien mir nicht mehr so laut in die Ohren wie in manchen Situationen.

Du kennst das vielleicht von Deinen Ängsten. An manchen Tagen weißt Du: Sie sind immer noch da, aber sie sind erträglich und kontrollierbar. Aber sie sind wie unerzogene Kinder. Schenkst Du ihnen zu viel Aufmerksamkeit, werden sie zu Monstern.

An Tagen, an denen sie also wieder mal zu laut herumschreien, zicken und auf den Boden stampfen, bis er zittert, dann gib ihnen eine Auszeit. Es nutzt nichts, mit ihnen zu diskutieren oder sie mit Argumenten zu bewerfen. Verabrede Dich mit ihnen am nächsten Tag. Oder in drei Tagen.

Vertage es, Dich damit auseinanderzusetzen. Triff an Tagen, an denen Dir die Panik den Hals zu schnürt, keine

Entscheidungen. Lenk Dich mit etwas ganz anderem ab und vertage die Gedanken wenn möglich auf morgen.

Die wenigsten Probleme, Sorgen und Ängste lassen sich nicht aufschieben.

Nimm die Angst als etwas, das immer bei Dir sein wird. Und je früher Du anfängst, das zu akzeptieren und aufhörst, sie unbedingt bekämpfen und vernichten zu wollen, desto schneller hast Du diesen Kampf auch schon gewonnen.

DIE NACKTE WAHRHEIT ÜBER SCHLECHTE ERFAHRUNGEN BEIM REISEN

Vor etwas mehr als einem Jahr saß ich in einem indonesischen Taxi, auf dem Weg von Tanjung Balai nach Medan im Norden Sumatras.
Indonesisches Taxi bedeutet im Klartext, dass ein Fahrer in einem Mini-Van vier bis acht Leute verschifft. In unserem Fall waren es fünf Erwachsene und zwei kleinere Kinder.

Da unser Fahrer schon auf meine Antwort, dass ich leider kein Indonesisch spreche (Überraschung!), tief geseufzt hat und schnell klar wurde, dass er in etwa so viel Englisch spricht wie ich Indonesisch, machte ich mir auf viel Unterhaltung also keine Hoffnung.
Mit meinem Sitznachbar ging es mir ähnlich, auch wenn er deutlich motivierter schien, seine drei Brocken Englisch zusammenzukratzen, um sich mit mir zu unterhalten.

Nach einer Weile stellte sich jedoch heraus, dass der Familienvater vor mir durchaus gutes Englisch vorweisen konnte und seine Frau sehr motiviert war, es ihm gleichzutun.
So entstand eine etwas holprige Unterhaltung des Standard-verfahrens:
Woher kommst Du? Wohin gehst Du? Bist Du verheiratet? Warum nicht?

Diese vier Fragen kannst Du eigentlich gleich jedem Indonesier, der sich mit Dir unterhält, beantworten, denn sie werden unabwendbar auf Dich zukommen.
Nach dem gewohnten Prozedere traute sich seine Ehefrau dann, tiefer zu gehen. Auch wenn sie danach von ihrem Mann gerügt wurde (so etwas fragt man nicht!), wollte sie

neugierig mein Alter erfahren und kämpfte die eine Frage in holprigem Englisch heraus, die sie am meisten zu interessieren schien: Hast Du schon einmal schlechte Erfahrungen auf Reisen gemacht?

Diese Frage ging mir die nächsten Stunden nach.

Ja, natürlich. Mir fielen auf Anhieb einige ein. Aber sofort fielen mir die vielen Frauen ein, die mir immer wieder Nachrichten schickten, voll von der Sorge, es könnte ihnen auf Reisen etwas geklaut werden, sie könnten überfallen oder von Männern belästigt werden.
Die sich teilweise deshalb nicht hinaus in die Welt trauen oder niemals alleine reisen würden.

Und dann fragte ich mich kurz, wo der Unterschied besteht zwischen „schlechte Erfahrungen" im Ausland und schlechten Erfahrungen Zuhause.

Es ist eine Illusion, dass Dir in Deinem sicheren Zuhause, Deiner gewohnten Umgebung und im Kreise Deiner Freunde nichts Schlimmes passieren kann.

In meinem letzten halben Jahr in Deutschland wurden in der Parallelstraße meiner WG drei Frauen überfallen.
Auf dem Weihnachtsmarkt wurde einer Freundin die Handtasche ausgeräumt und ein Bekannter geriet in eine üble Schlägerei.
Und nun, wenn auch weit hergeholt und etwas zusammenhanglos, fiel mir die Nachricht von Michael Schuhmachers Skiunfall ein. Wie makaber ist das eigentlich?! Ein Formel 1-Weltmeister, der das Schicksal und sein Glück öfter als er vermutlich selbst zählen konnte bis an die Grenzen herausgefordert hat, verunglückt bei einem einfachen Skiunfall. Das alles sollte uns etwas sagen. Das sollte Dir etwas sagen.

Wenn Du Dir zu viele Gedanken machst, was Dir alles Schlimmes auf Reisen passieren kann, dann kann es Dir passieren, dass Dir Zuhause Dein Leben davon läuft, ohne dass Du es wirklich lebst.

Wir sind als Deutsche klassisch so vorprogrammiert, uns fürchterlich viele Sorgen zu machen. Um das Alter, um die Rente, um Unfälle und um das liebe Geld. Und vergessen dabei das Wichtigste: zu L.E.B.E.N!

Ja, Du wirst vielleicht die eine oder andere schlechte Erfahrung machen, wenn Du in die Welt hinausgehst und das Risiko eingehst. Aber Du wirst mindestens zehn mal so viele gute machen!

Schlechte Erfahrungen sind nichts, was mit dem Reisen zusammenhängt. Sie hängen mit dem Leben zusammen.
Also hör endlich auf, Deine Sorgen und Ängste als Ausrede zu nutzen, oder pack sie wenigstens tief genug in irgendeine Ecke und fang an zu leben!

Jetzt und heute!

Denn niemand kann Dir garantieren, wie lange Du noch Du noch fit genug, jung genug, gesund und ungebunden genug sein wirst.

Warte nicht darauf, dass Deine Ängste beruhigt und Deine Sorgen genommen werden. Wie wir eben ja schon festgestellt haben, wird keines von beidem je passieren. Wenn ich darauf gewartet hätte, würde ich heute immer noch jeden Tag an meinem Schreibtisch sitzen oder die x-te Schicht im Krankenhaus schieben.
Sei nicht dumm. Sei nicht zu träge. Sei nicht zu kopflastig.
Tu's einfach!

DIE WENIGEN SITUATIONEN, IN DENEN ES GEFÄHRLICH WURDE

Ich weiß nicht, wie viele dieser Geschichten ich vielleicht schon einmal erzählt oder wie genau ich sie beschrieben habe, aber hier und jetzt werde ich mal in die Tiefe gehen, was die Momente anging, in denen ich mit mehr Glück als Verstand davongekommen bin.

Weil Du nicht nur aus meinen Fehlern lernen kannst, sondern vor allem eines sehen kannst: Egal, wie vorsichtig und umsichtig Du bist: Es wird Situationen geben, in denen Du all Deine Regeln missachten wirst. Weil Du schusselig bist, weil Du träge wirst was das angeht oder weil Du vielleicht einfach mal nicht nachdenken wirst.

Aber der Punkt ist, dass in 99% aller Fälle alles irgendwie gut ausgehen wird. Du wirst hinterher aufatmen, Dir den Schweiß von der Stirn wischen und wem auch immer dankbar sein, dass Du Glück gehabt hast. Du wirst daraus lernen und in Zukunft klügere, überlegtere und bessere Entscheidungen treffen. Und allein deswegen sind es auch diese Schreckensmomente wert.

Nachts in Istanbul – Auf der Suche nach meinem Hostel

Ich war zu geizig, um mir für die 500m, die mir meine Map.me-App bis zu meinem Hostel waren, ein Taxi zu nehmen. Also stapfte ich mit meinen beiden Rucksäcken bepackt los: von der Stelle, an der uns das Airport-Shuttle ausgespuckt hatte, quer über den Taksim Platz in Istanbul bis zum Eingang in die kleineren Gassen.

Ich lief die Straße entlang, in der mein Hostel eigentlich sein sollte, und spätestens, als ich die verwunderten Blicke der Männer sah, die am Straßenrand auf Plastikstühlen verteilt saßen, wurde mir bewusst, dass ich mitten in der Nacht alleine als schwer bepackte in einer fremden muslimischen Stadt Frau ein ziemlich gutes Opfer abgab.

Mit einem Schlucken wackelte ich die Straße zweimal auf und ab, aber mein Hostel war weit und breit nirgendwo zu sehen. Was blieb mir also übrig, als einen der grimmig blickenden Männer nach dem Weg zu fragen?! Als Antwort bekam ich ein undeutliches Grummeln und einen Wink mit der Hand in genau die Richtung, aus der ich gerade gekommen war. Dass der nächste, den ich 200m weiter fragte, mich genau wieder zurückschickte, fing schon langsam an mich zu nerven, als aus einer noch kleineren Seitenstraße ein Mann auftauchte und mich mit "Hostel?" zu sich in die Gasse winkte.

Ohne Nachzudenken, einfach nur erleichtert, dass endlich jemand zu verstehen schien, was ich suchte, lief ich ihm blind hinterher, Mein Verstand schien erst in dem Moment zu erwachen, als er mich in einen kaum beleuchteten Hausflur führte und die Tür hinter mir abschloss.
Da wäre es im Ernstfall allerdings schon viel zu spät gewesen.
Im Nachhinein möchte ich mich gleichzeitig für meine Unachtsamkeit ohrfeigen und mich immer wieder zu meiner ganzen Crew an Schutzengeln beglückwünschen.
Der Mann, der mich aufgelesen hatte, war der Besitzer des Hostels und ein sehr freundlicher noch dazu.

Was kannst Du anders machen als ich?
Lass niemals Geiz über Deine Sicherheit entscheiden. Nimm nachts ein Taxi – und wenn es nur für 500m ist. Hab immer einen Zettel mit dem Namen und der exakten Adresse Deiner Unterkunft dabei, denn je nachdem, wo Du

bist, versteht Dich niemand. Vor allem, wenn Du gar nicht weißt, wie man Namen und Adressen richtig ausspricht.

In den einsamen Straßen der Westbank

An einem meiner letzten Abende in Jerusalem hatte ich es mir in den Kopf gesetzt, auf den Mount of Olives zu wandern, um von dort aus den Sonnenuntergang über die alte Stadt zu bewundern.
Ich hatte mich mittlerweile schon den Gegebenheiten angepasst und trug eine zwar bunte, aber langärmelige, hochgeschlossene Trainingsjacke, eine lange Hose und geschlossene Schuhe.

Auf dem Weg zum Mount of Olives gab es einige Abbiegungen und von unten hatte ich einen Weg parallel zur Straße gesehen. Also bog ich in eine dieser Abbiegungen ein, in der Hoffnung, auf diesen Weg zu treffen. Aber schon nach 100m konnte ich erkennen, dass diese Abbiegung nicht nur in die falsche Richtung führte, sondern auch überaus einsam und ein wenig gruselig wirkte. Also drehte ich um und fand mich einer Gruppe von drei Jungs gegenüber. Schätzungsweise zwölf oder dreizehn Jahre alt, aber schon so groß wie ich. Was nicht besonders schwierig ist.
Der größte von ihnen sprach mich an und reichte mir seine Hand zur Begrüßung. Genau in dem Moment, in dem ich sie ergriff, betatschte der zweite mich an der Brust und zu überrascht um zu reagieren, reagierte ich auch erst einmal gar nicht. Daraufhin entschuldigte sich der große sogar für seinen Freund, der zusammen mit dem dritten schon das Weite gesucht hatte. Als ich nicht böse reagierte, fing allerdings auch er an, mich zu betatschen. Unsicher, wie ernst er es meinte, schrie ich ihn einfach nur an, er solle das lassen, und setzte den bösesten Blick auf, den ich zu bieten hatte. Das schien zumindest soweit zu wirken, als dass er

mich mit einem letzten Tatscher alleine ließ und lachend zu seinen Freunden lief, die zu dritt in der Abzweigung verschwanden, aus der ich gerade gekommen war.

Nun war es, als ob in meinem Kopf ein Schalter umgelegt worden war. Ich war sauer und verunsichert zugleich und stellte viele Dinge fest, die mir vorher gar nicht bewusst gewesen war. Meine Trainingsjacke war zwar langärmelig, aber durchaus figurbetont. In der Straße, auf der ich nun wieder gelandet war, war keine einzige Frau zu sehen, dafür aber viele Männer, die vor allem auf der anderen Straßenseite in Geschäften und Restaurants herumstanden. Und noch dazu wurde es nun dunkel, was bedeutete, dass zwangsläufig im Dunkeln zurück zu meinem Hotel laufen musste.

Was kannst Du anders machen als ich?
Denk bei einem Wechsel zwischen zwei Kulturen kurz darüber nach, wo Du gerade bist. Schau Dich bewusst um und pass Dich Deinem Umfeld an. Wenn Du irgendwo die einzige Frau bist, sollte Dir das etwas sagen.
Geh in muslimischen Kulturen nachts nicht unbedingt alleine auf die Straße und denk darüber nach, ob und wie Du nachts zurück in Deine Unterkunft kommst. Und der wichtigste Punkt: Lass Dich nicht ablenken.

Auf einer kleinen Insel nachts um halb drei

Einen Tag nach meinem 31. Geburtstag war ich auf Gili Trawangan in Indonesien bis spät in die Nacht in einer der kleinen Discos. Ich hatte zwei nette Mädels kennengelernt und mit ihnen wortwörtlich die Nacht durchgetanzt.
Ich war gut gelaunt, voller Euphorie und übermütig. Also dachte ich mir nichts weiter dabei, die 500m bis zu meiner Hütte alleine zurückzulaufen. Natürlich auf kleinen, abgelegenen Pfaden.

Relativ schnell schloss sich mir ein Balinese auf einem Fahrrad an und quatschte auf mich ein. Woher ich komme, ob ich alleine bin, ob ich einen Freund habe… die üblichen Fragen eines Indonesiers.

Allerdings wurde er irgendwann aufdringlich und fragte, ob er mit mir nach Hause kommen dürfte. Ich sagte einmal „Nein.“, ich sagte ein zweites Mal „Nein.“, aber er lenkte immer wieder mit anderen Fragen ab.
Irgendwann wurde mir klar, dass er bald wissen würde, in welchem Haus ich wohnte. Also blieb ich stehen, drehte mich um und sagte deutlich und bestimmt, dass ich von hier an gerne alleine weitergehen möchte. Er blickte mich an, forschend, wie ernst ich es meinte, und als ich weder lächelte noch weiterging, drehte er um und fuhr davon.

Ich ärgerte mich, dass ich es überhaupt so weit hatte kommen lassen. Ja, es war Indonesien, und mir drohte aller Wahrscheinlichkeit nach keine echte Gefahr, aber trotzdem war es leichtsinnig gewesen.
Was kannst Du anders machen als ich?
Ich hätte die beiden Frauen fragen können, ob sie mich kurz nach Hause begleiten. Auf Gili Trawangen sind die Wege kurz, es hätte ihnen keine großen Umstände gemacht und sie sicher nicht gestört.

Als generelle Botschaft will ich Dir mit diesen drei Situationen eigentlich nur eines klarmachen: Denk nach!
Sei nicht leichtsinnig, überleg Dir vorher, wie die Situation ausgehen soll und hab immer einen Plan B. Ich lerne immer wieder dazu und so wird es Dir auch gehen. Aber all das habe ich Dir hauptsächlich deswegen erzählt, weil ich nicht will, dass Du zusätzlich zu Deinen Fehlern auch meine wiederholen musst.

TRAUMPRINZ ODER TRAUMREISE?

Wenn mir wieder einmal jemand sagt, dass das alleine Reisen bestimmt aufhört, wenn ich erst einmal den „Richtigen" gefunden habe und dann ja auf jeden Fall ein Haus, ein paar süße Kinder und mindestens zwei Tiere haben möchte, dann möchte ich manchmal einfach schreien.

Wenn ich dann antworte, dass das so wahrscheinlich ist wie dass sie sich plötzlich dazu entscheiden, alles zu verkaufen, sich selbständig zu machen und die halbe Welt zu bereisen und dass sie es bestimmt nur deshalb bis jetzt noch nicht getan haben, weil sie noch nicht das passende Reiseziel gefunden haben, folgt Schweigen.

Und ein wissender Blick, der mitleidig aussagt, dass mein Gegenüber etwas weiß, was ich wohl einfach noch nicht wahrhaben will.
Nämlich dass ein Mann einmal meine Ansichten komplett verändern wird.
Er wird in mir den Kinderwunsch wecken, den ich mit Sicherheit noch vor mir selbst verleugne, und die Geduld geben, mich für die nächsten 18 Jahre mit schlaflosen Nächten dank Zähnen, Tobsuchtsanfällen an Supermarktkassen und in Cafés sowie pubertätsbedingten Zickereien herumzuschlagen.
Ich werde genau das dann so dringend haben wollen und es sofort eintauschen gegen mein freies, ungebundenes Leben.
Ein Leben mit Wintern, die mit Sonnenschein und Stränden gepflastert sind. Gegen Abenteuer, einen Job, der in meinen Rucksack passt, täglich neue Kontakte mit interessanten Menschen (statt jahrelang immer nur die gleichen Gesichter zu sehen) und exotischen Gerichten.
Ja, ne, is klar.

Für die meisten Menschen ist der Lebensstil von uns chronisch Fernwehsüchtigen ein seltsames, abstraktes Gebilde. Es passt nicht in das 08/15-Bild eines Deutschen und gerade für uns Frauen ist es besonders schwer.
Ein Mann alleine auf Reisen ist ungebändigt, cool und lebt den Traum all seiner Kumpels.

Eine Frau alleine auf Reisen läuft vor dem Leben davon und hat einfach noch nicht den Richtigen gefunden. Da holt uns selbst in der modernen Zeit noch immer wieder das Bild von der Frau am Herd ein. Unfassbar.

Fakt ist: Wir brauchen den Richtigen vielleicht einfach nicht, um glücklich zu sein. Wir sind uns selbst genug. Und ein einzelner Mensch ist es auch nicht wert, das eigene Leben komplett umzukrempeln und anzupassen, nur um es nicht alleine verbringen zu müssen.

Versteh mich nicht falsch, ich bin nicht die geborene Emanze, auch wenn ich durchaus für Feminismus bin. Und ich finde, Menschen wie Feli und Marcus von travelicia.de gehören zu den glücklichsten Menschen der Welt, weil sie einen Partner gefunden haben, der die eigene Leidenschaft für die Welt teilt und sie gemeinsam ihren Traum leben können.

Aber nur weil Du die Welt sehen möchtest, solltest Du nicht wählen müssen. Und vor allem solltest Du Deine Träume nicht aufgeben müssen.

Wir sind heute und in unserer Gesellschaft in der glücklichen Lage, dass uns als Frauen die ganze Welt offen steht. Und das meine ich wörtlich.
Deshalb bin ich der Meinung, dass es auch für Dich endlich Zeit ist, Deinen Rucksack zu schnüren und sie zu entdecken. Ja, auch alleine!

Was hält Dich denn wirklich?
Geld? Kannst Du sparen.
Zeit? Nimm Dir eine Auszeit nach dem Studium, der Ausbildung oder von Deinem Job. Meist ist das leichter als Du denkst.
Angst? Die hat jede von uns am Anfang! Das Entscheidende ist, Deine Träume wichtiger werden zu lassen als Deine Ängste! Warte nicht darauf, dass sie verschwinden, sondern lerne, mit ihnen umzugehen!
Dein Freund? Sprich offen mit ihm und gerade wenn er der „Richtige" ist, wird er Deinem Traum nicht im Weg stehen und Eure Beziehung auch mal eine Trennung auf Zeit verkraften.

Es gibt nur ganz wenige echte Gründe nicht zu reisen, wenn es Dein Traum ist. Und die eben genannten sind keine davon!

WIE ICH ZUR FREIWILLIGENARBEIT IN WAISENHÄUSERN STEHE

Immer wieder bekomme ich Nachrichten von Frauen, die einen Ausstieg auf Zeit machen möchten und dabei eine Langzeitreise planen.
Sie schreiben mir zwischen den Zeilen, dass sie gerne auch freiwillig arbeiten oder sich sozial engagieren möchten. Am liebsten mit Kindern. Das finde ich generell ja keine schlechte Sache. Allerdings bringt mich der folgende Satz jedes Mal zur Weißglut:

“Nur für ein Wochenende. Oder ein bis zwei Wochen. Leider bieten die ganzen Projekte, die ich finde, immer nur Verpflichtungen für ein halbes Jahr an.”

Danach platze ich erst einmal. Jedes einzelne Mal.

Ich rufe mich schließlich immer wieder selbst zur Vernunft, denn mein erster Instinkt ist jedes Mal eine recht unfreundliche Antwort – aber ich weiß, dass der Wunsch in diesen Nachrichten in den meisten Fällen nicht von Egoismus zeugt, sondern von Unwissenheit. Und dass da ein absoluter Irrglaube herrscht, Du würdest damit etwas Gutes tun.

Ich kann nicht abstellen, dass mich das wütend macht. Dazu habe ich zu lange mit Kindern gearbeitet, um solche Nachrichten einfach abzuhaken und nicht mehr emotional zu werden.
Aber ich kann anfangen, endlich mal Klartext zu reden.
Denn Aufklärung ist immer besser als meinen Ärger runterzuschlucken und Dich im Glauben zu lassen, Du würdest Dich sozial engagieren – und Dich letztendlich noch mehr Schaden anrichten lassen. Denn genau das tust Du, wenn

Du Dich für solch kurze Zeit mit Kindern "sozial engagierst".

Dies sind die Gründe, warum die Stellen mindestens auf ein halbes Jahr angelegt sind:

Punkt Nummer 1:

Viele Frauen die mir schreiben haben von Psychologie wenig Vorwissen und dafür kann auch keine etwas. Deshalb versuche ich, Dir mal zu erklären, was mit diesen Kindern passiert, wenn Du für ein Wochenende oder zwei Wochen in ihr Leben huschst, im schlimmsten Fall noch eine Beziehung aufbaust und dann wieder verschwindest:
Gerade Kinder in Waisenhäusern haben als einzige Bezugspersonen ihre Betreuer. In vielen Waisenhäusern, vor allem in Entwicklungsländern, werden dazu Volontäre eingesetzt. Und mit jedem Volontär, der für eine kurze Zeit dort ist, wird das Kind an einen neuen Menschen gewöhnt und kurz darauf wieder verlassen.

Wenn Du selbst schon mal von einem lieb gewonnenen Menschen Abschied nehmen musstest, dann weißt Du, wie sich das anfühlt. Und kannst Dir vielleicht nun in etwa ausmalen, was das für die Entwicklung und die Psyche eines Kinders bedeutet, wenn es andauernd Menschen verliert.

Worst Case Szenario: Die Kinder sind 18 Jahre lang in einem Waisenhaus. Das macht 936 Wochenenden. Und damit 936 Abschiede von Menschen, die "helfen" wollen. Das ist überspitzt, aber vielleicht kommt so die Nachricht durch.
Nicht nur, dass die Kinder dadurch vorgeschädigt sind, dass sie aus den verschiedensten Gründen ihre Eltern oder ihre Familie verloren haben. Sie werden nun auch noch dazu gezwungen, das immer wieder durchmachen zu müssen.

Nun verstehst Du vielleicht, warum so viele (anständige und legitime) Freiwilligenprojekte mit Kindern eine Mindestteilnahmezeit von sechs Monaten fordern.
Ganz abgesehen davon, dass sie es in zwei Tagen kaum schaffen würden, Dir die Umgebung zu zeigen, ganz zu schweigen davon, Dich anständig anzulernen – wie sollst Du so also eine ernstzunehmende Hilfe sein?!

Punkt Nummer 2:

In vielen Ländern hat sich die Meinung verbreitet, Waisenhäuser seien eine sehr schöne und einfache Art, an Geld zu kommen. Denn spätestens, seitdem Angelina Jolie weltweit Waisenhäuser besucht und Kinder adoptiert hat, reisen Scharen von Touristen in Entwicklungsländer (vorzugsweise in Südostasien) und besuchen dort die Waisenhäuser. Um zu sehen, wie groß das Elend wirklich ist, eine Geldspende für die Kinder zu hinterlassen und wieder abzureisen.
Grundsätzlich ist das nicht verwerflich. Denn dahinter steckt die Hoffnung, dass das Geld den Kindern bessere Verpflegung, Unterkunft und Betreuung zusichert und damit ist dieser Wunsch vorbildlich. Fakt ist aber leider, dass viele Waisenhäuser mittlerweile reine Fassaden sind.

Geldgierige, schlaue Unternehmer haben Waisenhäuser exakt für diesen Zweck erbauen lassen, Kinder regelrecht eingekauft und nutzen das Geld für alles- nur ganz sicher nicht für die vermeintlichen Waisen. Eltern verkaufen ihre Kinder an diese Waisenhäuser. Ob aus Geldgier oder Verzweiflung, weil sie ihre Familie nicht ernähren können… wer weiß das schon.
Aber Tatsache ist, dass südostasiatische Waisenhäuser zum Großteil mittlerweile ein großer Betrug sind und gefüllt mit Kindern, die irgendwo noch Eltern haben. Wenn wir als Touristen und reiche Westler also nicht aufhören, diese

Waisenhäuser zu besuchen, vermeintlich zu helfen oder ihnen Geld zu geben, dann fördern wir genau diese Machenschaften.
Mir ist dieses Thema unglaublich wichtig und ich lasse dabei keine falschen Ausreden oder wohltätigen Bedürfnisse, die Du vielleicht hast, gelten.

Du möchtest wirklich etwas Gutes tun? Du möchtest wirklich helfen?

Dann schenk Dir Dein Wochenende oder Deine zwei Wochen und sei ehrlich zu Dir: Alles, was Du in dieser Zeit erreichst, ist Dich selbst gut zu fühlen, weil Du den armen Kindern Deine Zeit schenkst.
Du hilfst ihnen damit nicht. Egal, wie sehr Du Dir das einredest.

Schenk Dir Deine Zeit, spende Geld!

Spende Geld an Institutionen, die langfristig etwas verändern. An Menschen wie Dr. Beat Richner, der damit Kinderleben rettet. Schon mit nur 15 Euro monatlich finanzierst Du die komplette Behandlung eines kambodschanischen Kindes, das sonst mangels bezahlbarer Behandlung sterben würde. Keine Dramatik, sondern pure Tatsache.

Wenn Du in Kambodscha bist, besuch eines seiner kostenlosen Konzerte in einer seiner Klinken und überzeug Dich selbst von seinem Bemühen, in Kambodscha etwas zu verändern.

Spende Geld an Institutionen wie Pencils of Promise, die Kindern eine bessere Zukunft schenken, indem sie Schulen bauen und Kindern das Wertvollste schenken, das es heutzutage gibt: Bildung.

Beide Institutionen habe ich besucht, durchleuchtet und für gut befunden und engagiere mich selbst mitmeinem Geld. Warum? Weil Zeit zu schenken eine rein egoistische "gute Tat" ist.

Es sei denn, Du meinst es wirklich ernst und investierst ein halbes Jahr oder mehr.

Dieser Abschnitt des Buches ist auch bereits auf dem Blog erschienen und hat dort rege Diskussionen ausgelöst. Genau deshalb und weil mir das Thema sehr stark am Herzen liegt, wollte ich ihn unbedingt hier integrieren.

Ich möchte aber auch betonen, dass der Schwerpunkt meiner Kritik sich auf Waisenhäuser, die Arbeit mit labilen Kindern und kurze Einsätze unter 6 Monaten bezieht. Es geht nicht allgemein um Freiwilligenprojekte - viele davon sind sehr nützlich und effektiv. Ich möchte lediglich, dass Du Dir ernsthaft Gedanken darüber machst, warum Du einen solchen Einsatzort suchst und ob Du damit tatsächlich jemand anderem und nicht nur Dir selbst etwas Gutes tust…

DIE SONNENSEITEN DES ABSCHIEDS VON EINER LANGZEITREISE

Als ich diese Zeilen getippt habe, saß ich am Flughafen von Medan, einer kleinen Stadt in Sumatra, Indonesien.
Ich wurde dabei heimlich von mindestens fünf verschiedenen Personen angestarrt und ganz offen, nur dreißig Zentimeter von meinem Gesicht entfernt, von einem kleinen Mädchen, was daran liegen mochte, dass ich auf dem gesamten Flughafen die einzige blonde Frau war.
Meine Umhängetasche neben mir hatte mehr Staubschichten als ich zählen konnte, und meine erste Tat nach dem Aufwachen am Morgen war, eine Kakerlake von der Größe eines Männerdaumens quer durch mein asiatisches Bad zu jagen.

Vielleicht merkst Du es schon: Ich wurde etwas Asienmüde.
Auch wenn ich bei dieser Reise „nur" vier Monate unterwegs war, musste ich mich immer wieder daran erinnern, dass das nach einer Langzeitreise völlig normal ist.
Und dass es nicht hieß, dass ich des Reisens müde geworden war, nur weil ich mich auf Deutschland freute.

Aber ohh, welch süßer Luxus mich dort erwartete…

Kakerlakenfreie Badezimmer

In den letzten beiden Nächten in Indonesien habe ich meine Nachbarn mindestens einmal mit einem lauten und undamenhaften Fluch geweckt, da bin ich sicher.
Jedes Mal, wenn ich in mein eigentlich sauberes (ok, Asiensauberes) Badezimmer gegangen bin (das letztendlich aus einem Loch im Boden und einem altersschwachen, aus der Wand ragenden Duschkopf bestand), versuchte eine riesige

Kakerlake erfolglos, sich vor mir zu verstecken.
Was tut Frau also? Sie nutzt die bereitgestellten Schöpfeimerchen, die die Klospülung ersetzen, als Baseballschläger-Ersatz, um eben genannten Flüchtling in den Kakerlaken-Himmel zu befördern.
Ja, ich bin Vegetarierin, und ja, ich töte Kakerlaken. Verklag mich doch.

Verabredungen mit den Freundinnen

Schon Wochen vor meiner Heimreise plane ich immer wieder, was ich mit wem wann unternehmen werde, wenn ich endlich wieder in greifbarer Nähe meiner Freunde bin. Egal, wie gerne ich reise und alleine bin, es verhindert nicht, dass ich sie furchtbar vermisse. Vor allem, wenn Skype-instabiles Internet und zu viel Arbeit mich von meinen regelmäßigen Videoanrufen abhalten.
Und auch, wenn die Zeit zwischen den Reisen dann knapp ist, ist sie doch umso schöner…

Toiletten, die auch Porzellan oberhalb der Erdoberfläche besitzen

Sumatra war da bisher die anspruchsvollste Etappe in ganz Südostasien. Trotzdem musste ich in Kuala Lumpurs schickster Shopping Mall lernen, dass eine moderne Toilette keine Garantie ist. Dort krabbelte nämlich eine kleine Kakerlake aus dem Toilettenpapier.
Da lob ich mir doch den deutschen, ungemütlichen Winter, wo diverse Krabbelviecher lieber Reißaus nehmen!

Katalysatoren

In den ersten Wochen in Südostasien hält man die Bewohner noch für pingelig, wenn sie alle, Michael Jackson imitierend, Mundschütze in der ausgefallensten Variationen

tragen. Nach der erste Busfahrt in einem Hühnertransport (einem Bus der Einheimischen ohne Klimaanlage und durch das ländlichste Gebiet, das Du finden kannst) entdeckst Du den Sinn dahinter: Dein Gesicht trägt abends eine Zentimeter dicke Schicht Schmutz. Ein Gemisch aus Staub und Abgasen.
Ich will lieber nicht wissen, wie meine Lunge nach drei Wochen Saigon aussah. Ich sollte statt solcher Reisen besser anfangen zu rauchen, das ist mit Sicherheit gesünder!

Das Gefühl, einfach in der Masse untergehen zu können

Blonde Haare, graublaue Augen, helle Haut… und jede Zweite sieht genauso aus. Danach sehnte ich mich mehr und mehr. Kein „Taxi, yes?" oder „Masaaasch?" mehr bei jedem zweiten Schritt.
Ich habe gelernt, die richtige Ausstrahlung zu haben, im richtigen Tonfall ein „No, thank you" abzugeben und den Blickkontakt mit Händlern und Angebotsschildern um mich herum so weit es geht zu meiden.
Aber einfach mal wieder mit offenen, neugierigen Augen durch die Welt gehen zu können, hach, das ist schon schön…

Fixe Preise, selbst wenn sie schmerzen

An die 2,50 Euro einer Einzelfahrt mit der Straßenbahn in Frankfurt zu denken, bereitet mir jetzt schon Kopfschmerzen. Dafür bekomme ich in Indonesien eine volle Mahlzeit und in Thailand sogar eine Nacht in einem netten Frauen-Schlafsaal.
Aber wenigstens steht am Ticketschalter niemand, der mir das Ticket für 5 Euro andrehen will und mir überzeugt erklärt, DAS sei der echte Preis, nur damit ich dann später enttäuscht festzustelle, dass ich es auch für 1,50 Euro hätte

haben können! Ich muss mir auch nicht auf dem Weg zum Ticketschalter alle zwei Meter ein Ticket anbieten lassen oder eines in fünf andere Richtungen, in die ich überhaupt nicht will.
Oh, Du süßer, stummer Ticket-Automat… wie sehr ich mich auf Dich freue!

Menschen, die meine Sprache verstehen

Während der zwei Monate in Indonesien und Vietnam habe ich an einem für mich sehr fremden Syndrom gelitten: Ich war einsam!
Das kenne ich eigentlich nicht von mir, aber es hat wahrscheinlich damit zu tun, dass ich tiefer in die Welt hervorgedrungen bin als bei meiner ersten Weltreise, dass ich in der Regenzeit und damit in der absoluten Nebensaison gereist bin und dass ich viel mehr Zeit ins Arbeiten als ins Kontakteknüpfen investiert habe.
Zu diesen drei Punkten aber kam hinzu, dass um mich herum vor allem Menschen waren,, die nicht besonders gut Englisch sprachen. Manchmal sogar nur ein einziges Wort…

Ich: Hi, ich würde gerne meine Wäsche abgeben.
Sie lächelt und schiebt mir einen Zettel hin, auf dem ich meine Wäschestücke genau angeben soll.
Ich: Oh. Ich habe einen ganzen Beutel voll. Kann ich den Zettel mitnehmen, ausfüllen und mit der Wäsche abgeben?
Sie: Ja.
Sie schiebt mir den passenden Kuli dazu hin.
Ich: Oh, ok. Soll ich es doch hier machen?
Sie: Ja.
Ich: Also mitnehmen oder hier ausfüllen?
Sie: Ja.
Ich seufze und packe meinen Wäschebeutel aus.

Niemand, der mich im zweiten Satz fragt, ob ich verheiratet bin

Ich gestehe, ich habe aufgegeben. Mein Freund heißt Paul, ist in Deutschland, weil er leider arbeiten musste, und kommt (je nach Situation) nächste Woche nach oder gar nicht.
Natürlich ist Paul, wie schon mal erwähnt, komplett erfunden, und ich habe einfach der Resignation nachgegeben.
Es ist nicht so, dass es mir peinlich wäre, Single und nicht verheiratet zu sein. Nichts liegt mir ferner. Aber nachdem ein einmaliges „Nein" auf die Frage, ob ich verheiratet bin, einfach nicht ausgereicht hat, und ich fünf Mal in ein- und derselben Unterhaltung nach einem Ehemann gefragt wurde, habe ich beim fünften Mal einfach Paul zu Hilfe geholt.
Und siehe da: Statt der Verwunderung, dass ich nun doch plötzlich einen Freund habe, schienen sich ein Aufatmen und Erleichterung breit zu machen.
Das Konzept einer allein reisenden Frau (noch dazu über 30) ist in Indonesien nicht verwerflich oder moralisch fragwürdig. Es ist nur einfach für die Indonesier nicht vorstellbar. Genauso selbstverständlich kommt daher die Frage „Warum nicht??" auf jede meiner verneinende Antworten.
Eine Frage, die ich übrigens seit jeher und noch immer mit der gleichen Antwort belohne: Ähhh… ?!

Gewaschene Wäsche, die auch so riecht und aussieht

Ob die Toploader Australiens und Billigwaschmittel aus kleinen Portionsbeutelchen oder die Handwäsche der Asiaten – nichts ersetzt den Geruch von frisch gewaschener Wäsche.
Noch dazu kann ich die Kleidungsstücke, die in fremden

Wäschereien „verschwunden“ sind, schon gar nicht mehr zählen.
Gut, das erleichtert zumindest den Packprozess und hält den Rucksack schlank und leicht!

Mich nicht ständig um die Sicherheit meiner Wertsachen sorgen zu müssen

Trage ich den Rucksack schon wieder einfach auf dem Rücken? Ich Dummerchen! Sofort nach vorne oder an die Seite holen, die der Straße abgewandt ist.
Habe ich meine Kamera auf dem Hostelbett liegen gelassen oder wirklich im Spind oder Rucksack eingeschlossen? Lieber nochmal schnell nachschauen gehen.
Schon wieder zu viel Bargeld im Portemonnaie? Ok, das teile ich in fünf gleichgroße Portionen und verteile sie dann in fünf verschiedenen Ecken meines Rucksacks. Damit oute ich mich nicht automatisch als Superreiche.
Da komme ich mir in Singapur schon fast paranoid vor, wenn mir diese Verhaltensweisen an mir auffallen und ich feststelle: Brauch ich hier nicht!

Mich nicht ständig schuldig zu fühlen, weil ich Wertsachen besitze

Ich weiß nicht, wie oft ich in Sumatra, Vietnam oder Kambodscha meine Kamera einfach in der Tasche gelassen habe, obwohl mir ein wunderschöner Schnappschuss entgangen ist.
Einfach weil ich vor den armen Menschen um mich herum nichts auspacken wollte, von dessen Wert sie sich zwei Jahre lang finanzieren könnten. Und nein, meine Kamera ist nicht einmal die teuerste, die Reisende mit sich herumtragen.
Ich war zu dieser Zeit eine klassische Backpackerin, die in Hostels übernachtet und als Selbständige noch nicht genug

verdient hat, um sich in Deutschland komplett selbst zu finanzieren und doch… ich war reich in den Ländern, in denen das Durchschnittsgehalt 1 Dollar am Tag beträgt.
Das sollten wir nie vergessen, wenn uns mal wieder ein Motorroller-Fahrer mit "Taksi, yes?" nervt, denn sie sind auf der verzweifelten Suche nach Arbeit.

Gesundes Essen, einfach und unkompliziert

Versuch mal, Dich in Südostasien ohne Reis und Nudeln zu ernähren. Und dann auch noch vegetarisch. Teilweise ein absolutes Drama.
Ich liebe Pad Thai, Cap Cai und Gado-Gado, aber nach einer Weile sieht man mir auch an, wie sehr ich es mag.
Dann kommen noch diverse Banana-Pancakes zum Frühstück, der Sticky Rice und die Chips dazu, die aus welchem Grund auch immer an jeder Ecke und in jedem noch so kleinen Shop angeboten werden.
Wenn Du also mit verzweifeltem Hunger durch die Straßen streifst, wonach greifst Du fast unvermeidlich immer wieder mal? Richtig.
Blumenkohl, Brokkoli, Salat, Zucchini und Spinat?? Oh, ich würde manchmal alles dafür geben!

Keine Blutegel, Bettwanzen oder Moskitos

Auf dem Dschungel-Treck in Sumatra habe ich panisch etwas von mir geschleudert, das sich kurz wie der Blutegel angefühlt hat, den ich am Finger hatte. Letztendlich war es nur ein kleiner Klebestreifen, aber der Puls ging ordentlich hoch.
Die letzten beiden Nächte in Indonesien bin ich total zerstochen wachgeworden und wurde sofort unruhig: Hat dieses hübsche Hostel etwa Bettwanzen, wie das in Kuala Lumpur im Monat davor?
Nein, die Stiche waren zu untypisch dafür. Waren also nur

Moskitos. Ein kurzes Aufatmen. Dann die nächste nervöse Frage: Wo bin ich gerade nochmal? Bin ich in einem Malariagebiet? Muss ich mir Sorgen machen?
Der Verfolgungswahn kann in Südostasien schon mal zum besten Kumpel werden, aber letztendlich ist es genau das: Du machst Dich irgendwann viel zu oft selbst verrückt. Zeit für eine westliche Auszeit!

Feta-, Feta-, Feta-Käse!

Ohhh… ich träume immer nach ein paar Wochen in Südostasien davon und habe mit feuchten Augen den griechischen Salat entgegengenommen, den mir das traumhafte Inselhotel in Kuta auf Bali vorsetzte.
In der Auflistung der Zutaten auf der Menukarte bin ich bei Feta hängengeblieben und der Rest spielte keine Rolle mehr! Und auch wenn der Käse in Südostasien rar und kostbar ist, sodass letztendlich nur ein paar Brösel meinen Salat zierten, sog ich ihn förmlich ein.
Israels großzügiges und traumhaft gutes Feta-Angebot war nun schon drei Monate und damit viel zu lange her.
Oh ja, das ist immer das Erste, was ich mir zurück in Deutschland gönne: eine Maxipackung Feta-Käse. Gerne auch pur!

Nicht nachts um vier Uhr vom Muezzin nebenan geweckt zu werden

Auch wenn ich nach der Abreise aus Jordanien Ende November dachte, dieses Kapitel hinter mir zu lassen, kam in Medan, Sumatra unerwartet der Höhepunkt: Meine Unterkunft war Tür an Tür mit einer der größten Moscheen der Stadt.
Und damit mit regelmäßigen Gesängen des Muezzins ausgestattet. Nachts um vier, mittags um zwölf, nachmittags um fünf… Jeweils eine großzügige halbe Stunde und trieb

mich damit nach ein paar Tagen fast in den Wahnsinn.
Ich habe höchsten Respekt vor fremden Kulturen und Religionen, aber ich konnte es kaum erwarten, auf Lake Toba mal wieder eine Nacht durchschlafen zu können.

Vegetarisches Essen, einfach und unkompliziert

Ich kenne mittlerweile in jedem Fastfood-Restaurant meine Notfall-Lösungen: McDonalds würde mich notfalls mit Twister-Pommes Frites versorgen, Burger King immerhin noch mit normalen Pommes Frites, Kentucky Fried Chicken mit Coleslaw oder Kartoffelbrei mit Soße und Subways als absolutes Highlight mit dem Veggie Delight!
Warum das so ist? Weil Du, je tiefer Du in ein südostasiatisches Land eindringst, immer weniger Chancen darauf hast, vegetarisches Essen zu finden oder – noch schlimmer – Dich mit jemandem darüber verständigen zu können.
Ein Käsefrühstück im Café Karin in Frankfurt? Pasta mit Gorgonzola im Vapiano? Veggie-Burger in der Kuh die lacht? Das sind Orte und Gerichte, die mich auf langen Reiseetappen in meinen Träumen besuchen.
Ich schwärme Dir immer vor, was ich Tolles sehe, erlebe und am Reisen liebe. Nun, das ist die Kehrseite.
Du wirst auf einer Langzeitreise mindestens genauso viele Dinge vermissen wie Du neue lieben lernen wirst.
Die Kunst daran ist, nicht eines von beidem als das Ultimative anzusehen.

Freu Dich darauf, beide Welten lieben zu können!

Über die Autorin

In Hessen geboren und aufgewachsen, verbrachte Carina nach ihrer Ausbildung zur Kinderkrankenschwester fast sechs Jahre im Fachgebiet der Kinderonkologie.
Schon zu dieser Zeit hat sie mit vielen Mitteln versucht aus dem 08/15 Leben auszubrechen, dem sie sich irgendwie nicht beugen wollte. Aber weder der Versuch Medizin in Frankfurt zu studieren, noch alle zwei Jahre die Stadt zu wechseln, hat sie richtig zufrieden gestellt.
Erst als sie 2011 dann zu ihrer allerersten großen Reise nach Australien und Südostasien (Malaysia, Thailand, Laos, Kambodscha und Bali) aufgebrochen ist, hat sie entdeckt was sie gesucht hat: den vollkommenen Glückszustand! Etwas das bei uns jeden Tag gefühlte 90% der Menschen suchen und doch nie richtig finden. Seitdem ist sie vollkommen davon überzeugt:

Reisen macht glücklich!

Ob eine Woche, einen Monat oder ein Jahr spielt ihrer Meinung nach keine Rolle. Wichtig ist nur, dass Du einmal damit anfängst! Der Rest kommt dann ganz von selbst…

Deshalb hat sie dieser Leidenschaft auch nachgegeben und nach einem kurzen Stopp im Alltag und einem Vollzeitjob diesen schon nach Kurzem wieder gekündigt, all ihren Besitz verkauft und ist seit September 2013 nun Dauerreisende.

Seitdem hat sie Großbritannien, Irland, Istanbul, Israel, Jordanien, Vietnam, Sumatra, Kanada, USA und Mexiko zu ihrer Liste der bereisten Länder hinzugefügt und ein paar ihrer Lieblingsländer ein zweites und drittes Mal besucht.

Ihren Reiseblog Pink Compass hat sie ursprünglich erstellt, weil sie andere Frauen wie Dich inspirieren, motivieren und Dir zeigen will, dass das Reisen durch die Welt weder teuer, gefährlich und schon gar nicht unmöglich ist, wenn Du nur gut vorbereitet bist & die richtige Einstellung dazu hast! Dafür und in dieser Mission entstand nun auch dieses zweite Buch! Weil einfach klar war, nach dem ersten war noch lange nicht alles gesagt.

Deshalb schreibt sie neben ihren Reiseberichten von unterwegs auf ihrem Blog Pink Compass auch weiterhin über Tipps, Erfahrungen und Ratschlägen zum Reisen und im speziellen mit dem Fokus auf Frauen!

Wenn Du mehr über Carina und ihr Leben auf Reisen erfahren möchtest, dann besuch sie doch einmal auf www.pinkcompass.de und melde Dich dort zum Newsletter an! (Darin gibt es meist die besten Hintergrundgeschichten…)

Seit dem sie das Reisen, Schreiben und Bloggen zum Beruf gemacht hat, hat sie sehr viel über die Selbständigkeit als Karrieremöglichkeit gelernt und schreibt nun auf ihrem zweiten Blog www.um180grad.de darüber, wie andere Frauen ebenfalls in der Selbständigkeit Erfolg haben können und daraus ein profitables und erfolgreiches Online-Business von überall aus machen können. Und vor allem, wie sie endlich das Potential erreichen, das in ihnen steckt!

Vielen Dank für Deinen Buchkauf und dem Durchhalten bis zu diesen letzten Zeilen! Falls irgendwelche Fragen (wirklich egal welche) offengeblieben sind, einfach an Carina@pinkcompass.de schreiben! Sie freut sich über jede nette Nachricht.

RESSOURCEN

Kapitel 1

http://www.sleepinginairports.com

Kapitel 4

Seite zur Suche eines Tropenmediziners:
http://www.dtg.org/aerzte.html?&no_cache=1&F=20?????
????????
(Ja, dieser Link sieht tatsächlich so merkwürdig aus)

Seite zur Prüfung, welche Krankenkassen welche Impfungen zahlen:
http://crm.de/krankenkassen/kk_tabelle_kassen.htm

Link zur empfohlenen Reiseapotheke des Auswärtigen Amtes:
http://www.auswaertiges-amt.de/cae/servlet/contentblob/333286/publicationFile/3261/Hausapotheke.pdf

Link zu Auswahl aller Länder und Sicherheitsinformationen:
http://www.auswaertiges-amt.de/DE/Laenderinformationen/Uebersicht_Navi.html

Kapitel 6

PDF „Commen mistakes in English"
http://world-expats.com/Customer_Informations/Germany/PDF_Germany/common_mistakes_in_English.pdf

Kostenlose Sprachkurse: Duolingo.com

Übersetzungskärtchen für Wichtige Informationen (Allergien, Medikamente, Erkrankungen): http://www.selectwisely.com

Hinweise:

Meine Meinung ist nicht käuflich! Ich empfehle ausschließlich Produkte und Dienstleistungen, die ich selbst nutze und/oder hinter deren qualitativen Leistungen ich stehe. Sämtliche Ressourcen entstanden aus persönlicher Erfahrung, Recherche und Nutzung.

Alle Angaben in diesem Buch wurden sorgfältig geprüft. Trotzdem können sich Daten und Fakten inzwischen verändert haben. Ich übernehme deshalb keine Garantie dafür, dass die Angaben vollständig, richtig und in jedem Falle aktuell sind.

Für alle weiterführenden Links in diesem Buch gilt: Ich habe keinerlei Einfluss auf die Gestaltung und die Inhalte der verlinkten oder verwiesenen Seiten.

Sofern nicht anders gekennzeichnet, sind sämtlichen, verwendeten Zitate der Kapitelanfänge meine eigenen.

Solltest Du Mängel oder Fehlinformationen in diesem Buch oder de Ressourcenliste entdecken, schreib mir bitte umgehend an Carina@pinkcompass.de damit ich sie so schnell wie möglich beheben oder verbessern kann. Vielen Dank für Deine Mithilfe!

5513841R00124

Printed in Germany
by Amazon Distribution
GmbH, Leipzig